令和元年度・第41回

全日本少年少女合気道錬成大会

主催：公益財団法人日本武道館、公益財団法人合気会　後援：スポーツ庁、日本武道協議会　主管：公益財団法人合気会　合気道本部道場

JN077498

稽古錬成で行われた膝行。みんな一生懸命に楽しそうに進む

全国から集まったおよそ2000名の小・中学生
梅雨明けしない雨模様を吹き飛ばし
日本武道館で存分に元気良く、熱気を振りまいた
年に一度の武道館錬成大会は、いつにも増し大盛況

大会会長の高村正彦（公財）日本武道館会長

毎年恒例の少年少女合気道錬成大会が令和元（2019）年7月14日（日）に日本武道館で行われた。前回の猛暑からうって変わって今回は雨模様。しかし朝から参加者が全国から詰めかけ、熱気が次第に日本武道館を覆った。東京2020オリンピック・パラリンピックのために改修となる日本武道館。最後の錬成大会は総勢2158名。日頃の成果を存分に発揮し、観客席からの強い期待と眼差しに応えていた。

微笑ましい礼で始まり

子供たちは広々とした武道館で楽しそうに演武錬成に汗を流す

大会名誉会長の植芝守央道主より参加者代表として錬成証を授与される月窓寺道場の井《い》ノ《の》口《ぐち》月雫《るな》さん（中学２年生）

■大会の詳細は20ページに続く

第18回全国高等学校合気道演武大会

主催：全国高等学校合気道連盟　後援：スポーツ庁、東京都教育委員会、公益財団法人合気会、全日本合気道連盟、一般財団法人滝井記念財団

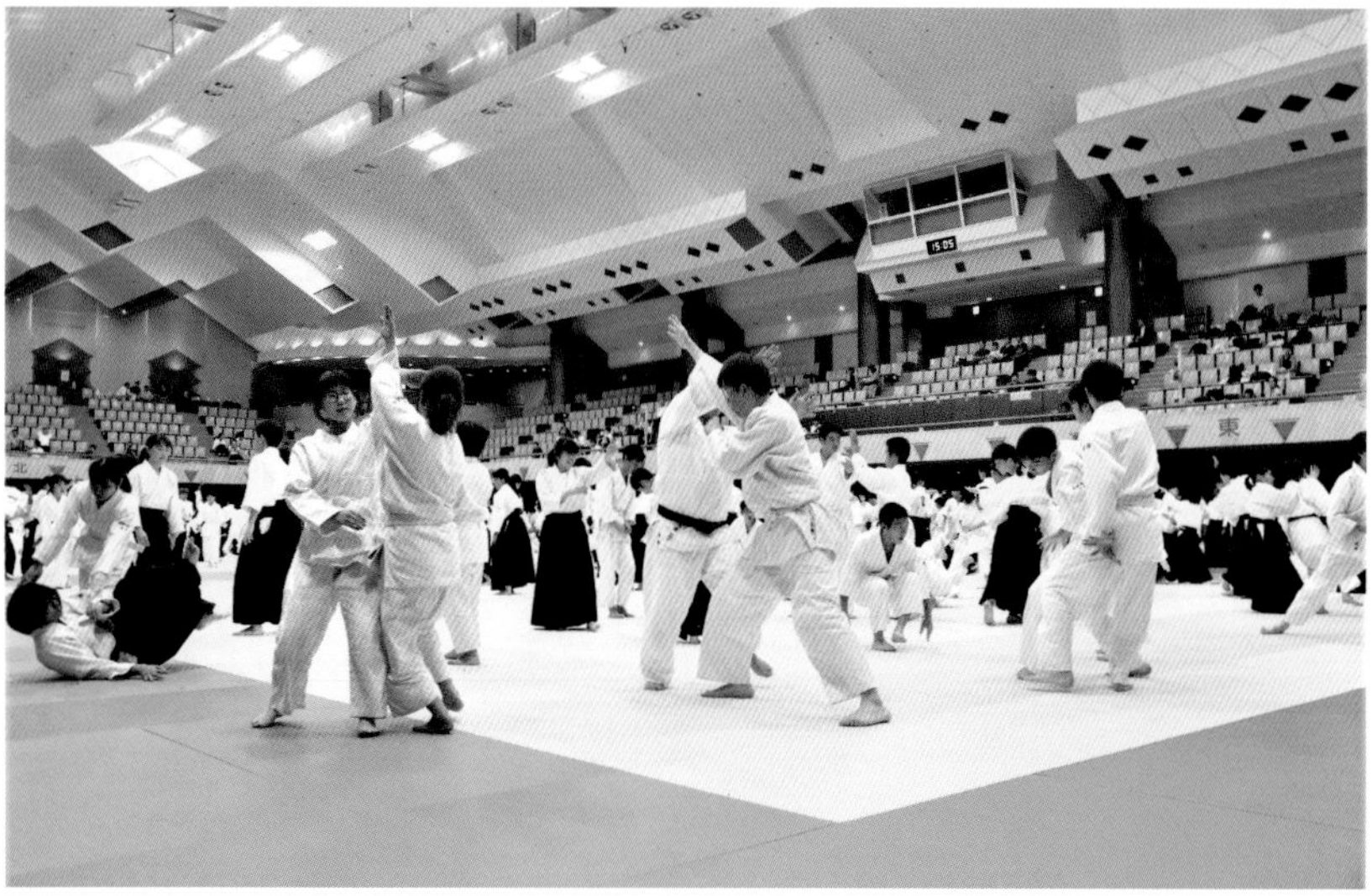
藤巻宏本部道場指導部師範による講習会では、学校の垣根を越えて初対面の学生同士が稽古に励んだ

若さあふれる高校生たちの熱い気迫に包まれて待ちに待った年に一度の盛夏の祭典が幕を開けた

大会名誉会長の植芝守央合気道道主

今回で18回目を数える全国高等学校合気道演武大会は、令和元（2019）年8月9日（金）正午から東京・足立区の東京武道館で盛大に開催された。令和という新元号を迎えての、記念すべき大会である。35℃を超える酷暑の中、全国40校から若き合気道家たちが一堂に会した。日ごろの鍛錬を披露するのはもちろん、講習会では他校の生徒とも交流する機会に恵まれた。

真夏の一日に、練習の成果をぶつける高校生たち

植芝充央本部道場長による模範演技を間近で見るまたとない機会

■大会の詳細は26ページに続く

第59回全国学生合気道演武大会

主催：全国学生合気道連盟、後援：スポーツ庁、読売新聞社、公益財団法人日本武道館、日本武道協議会、公益財団法人合気会、全日本合気道連盟

植芝充央本部道場長が指導を務める稽古錬成。学生は道場長の手本を参考に身体を動かす

年に一度、全国の大学合気道部が集う祭典 最低気温3℃の寒さを吹き飛ばす若者たちの元気あふれる演武が名古屋の空の下で披露された

59回を数える全国学生合気道演武大会が、令和元（2019）年11月30日(土)、愛知県武道館で開催された。天候は晴れながら最高気温12・3℃、最低気温3・2℃の肌寒さだったが、館内は77団体、480名の演武者の熱気に包まれていた。元気あふれる演武披露、稽古錬成が規律正しくきびきびした動きと共に行われていった。

大会を締めくくる総合演武を披露した道主

第1部、第2部に分かれて、77団体480名が日頃の成果を披露

■大会の詳細は32ページに続く

特別企画 開祖植芝盛平翁没後50年間に刻まれた

年表で見る 合気道 普及の歩み

第2回：植芝吉祥丸二代道主の時代

後編 昭和56(1981)年～平成11(1999)年

植芝吉祥丸二代道主は開祖植芝盛平翁逝去の昭和44（1969）年4月27日、道主を継承され、開祖の精神と技法を受け継ぐと共に、合気道の近代化、国内外への普及に多大な功績を残された。今回は昭和56（1981）年から逝去される平成11（1999）年までの18年間を振り返ります。

昭和56(1981)年

4月	合気道本部道場創建50周年を迎える。
5月23日	合気道本部道場創建50周年記念行事の一つとして、第19回全日本合気道演武大会開催。
10月14日	合気道本部道場創建50周年記念祝賀会を挙行。
12月5日	第20回全国学生合気道演武大会を開催。87校が参加。

合気道普及のための「道」を歩まれた植芝吉祥丸二代道主

4月

合気道本部道場創建50周年を迎える

合気道本部道場は昭和6（1931）年3月東京都新宿区若松町の現在地に創建され、「皇武館」と称された。この年から若松町の本部道場を本拠として、東京はじめ各地に支部道場が開設された。昭和15（1940）、(財)皇武館として厚生省より寄付行為の認可が下りる。現在の（公財）合気会の前身である。

昭和22（1947）年には（財）皇武館を改組、再編成し「(財) 合気会」となる。そして合気道本部道場創建50周年を迎えることになった。

現在の建物は昭和42（1967）12月15日に建て替えられた。その後、昭和48（1973）年1月25日に3階建てから5階建てに増築された。

本部道場で会員に手本を見せる植芝吉祥丸二代道主

5月23日

合気道本部道場創建50周年記念行事、第19回全日本合気道演武大会開催

合気道本部道場創建50周年記念行事の一つとして、5月23日田中竜夫文部大臣臨席の下で第19回全日本合気道演武大会を開催。会場を日比谷公会堂から日本武道館に移して5回目となる大会だが、その参加者数は例年にもまして多かった。また合気道の国際化も着実に進んで、外国人の会員・見学者も目立った。

会場には60畳敷の畳が5面準備され、1千8百名の出場者は次々に鍛えた技を披露。最後に、植芝吉祥丸二代道主が総合説明演武を行い、大会を締めくくった。

本部道場創建50周年記念祝賀会のステージで演武を披露する植芝吉祥丸二代道主

10月14日

合気道本部道場創建50周年祝賀会を挙行

10月14日、合気道本部道場創建50周年祝賀会が東京・西新宿の京王プラザホテルで開催された。海外から駆けつけた同好者も多く、参会者は2千名に達し、会場のコンコードボールルームは超満員の盛況だった。

植芝吉祥丸二代道主は創建から今日に至るまでの歩みを紹介すると共に「今、合気道は国際的なものとなった。50周年を区切りに、この祝賀会は“新たな第一歩への激励の会”と解釈し、腹をしっかりとおさえ、原点に返って精進したい」と、今後の使命の重さを述べた。

祝賀会で挨拶をする植芝吉祥丸二代道主

2月27日、28日

第1回東京地区指導者講習会を開催

合気道本部道場では、合気道の技の向上と理解促進のため、東京都全域の各道場指導者を対象に2月27日、28日の両日、第1回東京地区指導者講習会を千葉県勝浦市日本武道館研修センターで開いた。講師は大澤喜三郎本部道場長、藤田昌武、柴田一郎両師範他が出席。参加者は40数名。

昭和57（1982）年

2月26日～3月7日	植芝吉祥丸二代道主は米国西海岸とハワイにて指導を行う。
2月27日、28日	第1回東京地区指導者講習会を開催。
5月22日	第20回全日本合気道演武大会を日本武道館で開催。
7月	国際協力事業団の青年海外協力隊では、パプア・ニューギニアからの公式要請で第二次合気会公認の指導員1名を派遣。
9月25日、26日	国際合気道連盟理事会をKDD新宿会館会議場で開催。今回は高等評議会の委員も含めた合同会議となった。
10月14日	国際合気道連盟はワールド・ゲームス（GAISF主幹）審議会で国際スポーツ連盟総会協会（GAISF）正会員の資格を獲得。
11月27日	**中曾根内閣成立**

第20回までの全日本合気道演武大会の歩み

5月22日

第20回全日本 合気道演武大会を開催

5月22日、全日本合気道演武大会が記念すべき第20回を迎えた。この全日本合気道演武大会の歴史は昭和35（1960）年5月14日代々木の山野ホールでの第1回全日本合気道演武大会から始まる。合気道を演武大会で一般公開することは、昭和30年以前にはなく、同大会を通じて誰もが合気道を知る機会を得ることになった。

会場・開催月は、昭和37（1962）年4月に開催された朝日新聞社講堂での同演武大会を除いては昭和51（1976）年までほとんど日比谷公会堂で行われ、秋の10月に開かれることが多かった。

昭和48（1973）年以降、地方での演武大会なども盛んになり、行事の重なることが多くなり同演武大会は春季に行われることになった。昭和52（1977）年、第15回の演武大会以降、原則として毎年5月の第4週土曜日に（財）合気会主催で、日本武道館にて開催することになった。

この大会より前年結成した全日本合気道連盟との共催事業となり、（財）合気会の演武大会は名実共に本部道場、地方道場の指導者をはじめ、一般、学生、少年・少女、外国人、各職域などあらゆる層を網羅した全日本の演武大会となった。

そしてその歴史は令和元（2019）年開催の第57回大会まで途切れることなく続けられている。

第20回全日本合気道演武大会で説明演武を披露する植芝吉祥丸二代道主

日本武道館の正門入口では多くの人々が開場を待ちわびていた

昭和30年代～40年代は日比谷公会堂で行われていた

日比谷公会堂で行われた全国合気道演武大会。昭和38年頃の撮影

5月21日

第21回全日本合気道演武大会と開祖生誕百年記念会を挙行

5月21日、第21回全日本合気道演武大会と開祖生誕百年記念会の二大行事を同日開催した。本年は開祖植芝盛平翁生誕百年記念とあって、第20回記念であった昨年にもまして盛大で参加者、観客数は過去最高を記録した。

そして日本武道館での全日本合気道演武大会に引き続き、合気道開祖植芝盛平翁の生誕百年記念会が東京新宿の京王プラザホテルで開かれた。会場のコンコードボールルームには全国各地より開祖に縁のある方々が詰めかけた。

会場では開祖の浮彫肖像の除幕式が執り行われた。このレリーフは現在、本部道場の正面の壁に掛けられている。

除幕式は開祖の曾孫である植芝禎子さんと植芝充央現本部道場長の手で幕が下ろされた

8月17日～21日

ハワイ合気道創立30周年記念行事に植芝守央本部道場長代行が参列

ハワイ合気道創立30周年記念行事をホノルル市で8月17日～21日にかけ盛大に開催した。日本から植芝吉祥丸二代道主の名代としての植芝守央本部道場長代行をはじめ、３名が参列。この記念行事はハワイ合気会、ハワイ合気道協会、合気道オハナの３グループの主催により、記念行事、式典、演武大会、記念祝賀会、講習会が催された。

8月20日ハワイの本部道場にて約50名列席の下、神式で祭官の祝詞奉上、玉串奉典が厳かに行われた

昭和58(1983)年

1月9日	開祖生誕百年を迎え、新春恒例の合気会の鏡開きを執り行う。
5月21日	第21回全日本合気道演武大会と開祖生誕百年記念会を合わせて挙行。
8月17日～21日	ハワイ合気道創立30周年記念行事をホノルル市で開催。
10月22日	開祖生誕百年記念・第10回全東北合気道演武大会を岩手県盛岡市で開催。

満員の観衆の前で、大会の最後を締めくくる説明演武を披露する植芝吉祥丸二代道主

平成３年に本部道場のレリーフの前で撮影された植芝守央道主と植芝吉祥丸二代道主

植芝守央本部道場長代行を中心にハワイ本部道場の関係者との記念写真

■昭和59年からの「普及の歩み」は60ページに続く

合気ニュース
aiki news

植芝守央合気道道主、カルフォルニア州政府より表彰

令和元（2019）年9月4日から11日まで植芝守央合気道道主はカルフォルニア合気道アソシエーション（CAA）主催による道主特別講習会に招聘された。講習会にはアメリカ国内31の州と世界13か国、約750名が参集。7日にはパーティーが行われ、講習会参加者の中から約400名が植芝道主の訪米を歓迎した。

パーティーでは様々な国や地域から集まった参加者が大いに懇親を深める中、カルフォルニア州政府より植芝道主へ、カルフォルニアにおける合気道の普及と発展に多大なる貢献をもたらしたとして、感謝状が贈られた。

「このような素晴らしい表彰をいただきまして、心より感謝申し上げます。今回も多くの方々にお集まりいただき、皆様のお力でとても良い講習会となっております。これからも皆様と力を合わせ、この地でさらに素晴らしい合気道の輪が広がることをお願い申し上げます」と道主より謝辞が述べられた。

半世紀を超える合気道指導により多田宏師範がイタリアから勲章

多田宏本部師範は令和元（2019）年11月6日、東京・三田の駐日イタリア大使館でジョルジョ・スタラーチェ大使から、勲記と勲章を伝達された。これは、合気道指導を通じて文化交流に貢献したとの理由によるもので、星勲章と騎士章を授与された。

早稲田大学在学中に開祖植芝盛平先生に師事。昭和39（1964）年にイタリアに渡り、6年間指導、普及にあたる。昭和45（1970）年に帰国したあとも毎年、イタリアなど欧州と日本を往復して講習会を続けてきた。創設したイタリア合気会は「日本伝統文化の会」として政府公認の公益法人となっている。

合氣道探求 第59号 2020.January 目次

AIKIDO

道主巻頭言

和の心

合気道道主
植芝 守央

境野勝悟氏が※「日本のこころの教育」の中で、「日本とは何かと聞かれたら、答えは簡単なんです。『日本』という字をみればわかります。わたくしたちの命の元が太陽だと知って、太陽さんの恵みに感謝をして、太陽さんのように丸く、明るく、元気に、豊かに生きる。これが日本人だったのです」と書かれていました。さらに、「日本人が古代より最も大切にしてきた言葉、それは『和』という言葉です」とも書かれています。合気道はまさに日本の武道として日本人としての心を表わしていると思いました。

「合気道の心の体現である丸い捌き、和合の心」、日本人として最も大切にしなければならないことなのです。そして、「明るく、元気に、豊かに生きる」には笑顔と感謝だと思います。以前、昭和のプロ野球界の名選手金田正一氏が「笑顔は健康な人に与えられるもの」と語られていました。確かに心が沈んでいたり身体の調子が悪くては笑顔にはなれないものです。武道は礼に始まり、礼に終わりますが、合気道の稽古をしたあとにもお互いに感謝の心を持って、すがすがしい気持ちで本物の笑顔がこぼれるようにしたいものです。

日本人としての心でいえば「仕える心」が挙げられると思います。私の子供のころにはまだ耳にする言葉であったように思います。今、仕えるなどと言うと何か押さえつけられているという違ったイメージにとらえられると思いますが、一昔前は人や組織にお仕えするという気持ちが色濃く残っていたように思います。お仕えするにあたっては相手の心を知り、考えを察知し、絶えずアンテナを張っていなければできません。ですから、私は人や組織に仕えるということはイコール自分自身を磨くことになると思うのです。合気道の大切な心である相手を思いやる心を養うことと同じであり、「仕える心」は日本人の優しさ、勤勉、丁寧さから生まれてくるように思います。

日本人の優しさ、勤勉、丁寧さを考えるとき、それらは日本が農耕民族であったからではないかと思います。土壌を作り、耕し、種をまき、育て、その成長をわが子のように見守りながら収穫を待つ。それはその場勝負の狩猟民族では考えられないほど気の長いことだと思えるでしょう。今の日本人の中にも農耕民族のＤＮＡは色濃く残っており、そのＤＮＡが優しさと勤勉、丁寧さをもたらしているのではないでしょうか。合気道のように勝敗を競うことなく、淡々と日々の稽古に勤しむことと同じように思います。

合気道は言わずと知れた試合というものが存在しえない武道です。ですから点数も勝敗の記録もないのです。あるのは丹精込めた作物を収穫するのと同じに、日々の稽古の成果を一期一会の気持ちで魂を込め演武することです。それが、記録や勝敗がなくとも見る人々へ思いを伝え、感動を残すことができるのです。どんなに丹精込めても気候などに左右されてしまうのと同じに、身体のコンディションなどによってすべて感動を与えられるものではありません。それでも、一つでも自身で誇れ、観る方々の記憶に残せるのであれば本望です。

日本人として、太陽のように丸く、明るく、元気に日々の稽古を大切にしながら、先代方が築き上げ広めてきた合気道へ探求心を常に持ち、心を込めた演武を行うための心身を整えることへの努力を惜しまずに前進していきたいと思っています。

※「日本のこころの教育」の演題で、岩手県花巻市の私立花巻東高校の全校生徒を対象に行った講演を元に構成したものである。

「心身一如」を具現化する合気道は東洋医学の指標

PROFILE

花輪壽彦（はなわ　としひこ）

昭和 28（1953）年 2 月 1 日生まれ。山梨県昭和町出身。昭和 55（1980）年浜松医科大学卒業。浜松医大第一内科にて研修。昭和 57（1982）年より北里研究所東洋医学総合研究所に勤務。平成 8（1996）年同研究所第四代所長となる。平成 13（2001）年北里大学大学院医療系研究科・東洋医学指導教授に就任。平成 17（2005）年より WHO 伝統医学研究協力センター長。平成 20（2008）年 4 月研究所と大学の法人統合により、北里大学東洋医学総合研究所 所長・同大学院教授に就任。平成 26（2014）年より北里大学医学部 医学教育研究開発センター東洋医学教育研究部門 教授・同大学大学院医療系研究科 臨床医科学群 東洋医学教授に就任。日本東洋医学会副会長・監事、東亜医学協会理事長ほかの重職を歴任。平成 30（2018）年 4 月より、北里大学名誉教授・北里大学東洋医学総合研究所名誉所長。（※同研究所 HP ページ参照）

道主対談

植芝守央×北里大学東洋医学総合研究所名誉所長 花輪壽彦

「心身一如」を具現化する合気道は東洋医学の指標

高校時代から憧れていた合気道 医師になり同郷の先生に 誘われ本部道場に

植芝守央道主（以下、道主） 花輪先生は、東洋医学がご専門で、とりわけ漢方の権威だとうかがっております。私は漢方について知らないことが多いので、ご教示いただきながらお話しできれば幸いです。

まず、花輪先生と合気道の出会いについて、おうかがいできますか。

花輪壽彦先生（以下、花輪先生） 合気道は、私の憧れの武道でした。今回、道主と対談できることを、大変光栄に思っております。

昔から武道は好きでした。私は高校時代の1970年代まで山梨で暮らしていました。

合気道の道場は、70年ごろに山梨県にはあったのでしょうか。

道主 そのころにはすでに山梨県にも道場はありましたね。しかし、多くの門下生がいるわけではなく、やってはいたという感じでした。

花輪先生 そうでしたか。

大学は静岡の浜松医科大学に進みました。卒業後の2年にわたる内科研修を終えてから、ご縁があって、北里大学東洋医学総合研究所（以下、東医研）で漢方の勉強をすることになりました。

上京後すぐに、東中野の渡辺医院に行きました。私は、運動療法と食事療法、そして物理療法を組み合わせた西式健康法に興味を抱き、その実践者である同郷の渡辺正《しょう》先生を訪ねたのです。

渡辺先生とお会いし、話が一段落した時、渡辺先生が突然「これから若松町で合気道の稽古がある。一緒に来るか？」と私を稽古に誘ってくれました。こうして私は、37年前に合気会の本部道場を訪ねることになります。生まれて初めて見る合気道の印象は、「かっこいい」というものでした。渡辺先生に薦められ、入会手続きを行おうと考えました。が、実際に入会したかどうかは、覚えていません。

道主 こちらで調べたところ、花輪先生は昭和57（1982）年に入会されておりました。

ちなみに、西式健康法の考案者である西勝造先生と開祖植芝盛平翁が懇意だったこともあり、渡辺先生は昭和30年代の半ばから合気道を始められております。

西式健康法については、渡辺先生から直接話をうかがったことがあります。印象に残るのは、生野菜を食べることの大切さについてです。

花輪先生 いろいろな野菜を混ぜ、青汁のようにして飲むことを推奨なさってました。

道主 温水と冷水に交互に入る温冷浴などについても、話をお聞きしたことがあります。

渡辺先生は吉祥丸二代道主と同年代で、ずっと熱心に稽古を続けていらっしゃいました。当時は20～30代だった私も、しばしば渡辺先生と稽古をご一緒させていただきました。稽古のたびに、それまで積み重ねたものを醸し出されている様子を感じたものです。

また、合気会の役員にもなっていただきました。ここで渡辺先生のお名前を花輪先生から聞くことになり、

合気道を介したご縁を感じざるをえません。

「こころ」と「からだ」は双方向でやりとりしており、医学のすべてが科学的である必要はない

道主　ところで、花輪先生は現代医学を勉強なさり、そのあとで東洋医学や漢方を学ばれたのですね。渡辺先生も現代医学を学んだあと、西式健康法を学ばれたとうかがっております。

　では、花輪先生はなぜ現代医学を学んだうえで、東洋医学や漢方の道を志すことにしたのでしょうか。

花輪先生　私が医大を卒業した昭和50年代は、医学の世界では「科学至上主義」が叫ばれていました。生命の神秘、病気の原因、そして治療法まで、「物事を科学的に考え、実証主義的に説明できなければならない」と言われていたのです。医学の分野がどんどん細分化・専門化されていく中で、人の体や心を総合的に診ることができるのだろうか、という疑問を抱いていました。

　私自身は、「こころ」と「からだ」は双方向でやりとりしているのだから、けっして医学のすべてが科学的である必要はないと考えていました。

　そんなタイミングで、東医研に入ることになりました。浜松医大でお世話になった本田西男教授と東医研の大塚恭男先生が、東大第一内科で先輩・後輩の関係だったという「ご縁」のおかげでした。

明治から西洋医学に偏重、漢方暗黒時代に。昭和51年漢方薬が保険制度の薬価に収載され復活

道主　花輪先生の本によれば、日本に初めて漢方が入ってきたのが六世紀ごろ。七世紀になると遣隋使・遣唐使によって中国の医学や薬が盛んにもたらされるようになる。そして、江戸時代には漢方が日本独自の発展を遂げ、中国が日本の漢方を逆輸入するような状況にもなったようです。

　ですが、明治政府になってから西洋医学が取り入れられ、漢方をめぐる状況も変化していったとのこと。

　このような東洋医学と漢方をめぐる歴史と状況について、教えていただけますか。

花輪先生　そもそも、広い意味で東洋医学と言った場合、中国系のみならず、インド系やグレコ・アラブ系の医療体系も含まれます。よって、東洋医学のうち、中国をルーツに日本で独自に体系化されたものが漢方です。

　中国伝統医学の歴史は古く、三世紀には体系化されていましたが、ご説明のとおり、明治時代になると政府が西洋医学を採用したため、江戸時代に体系化された漢方医の制度は

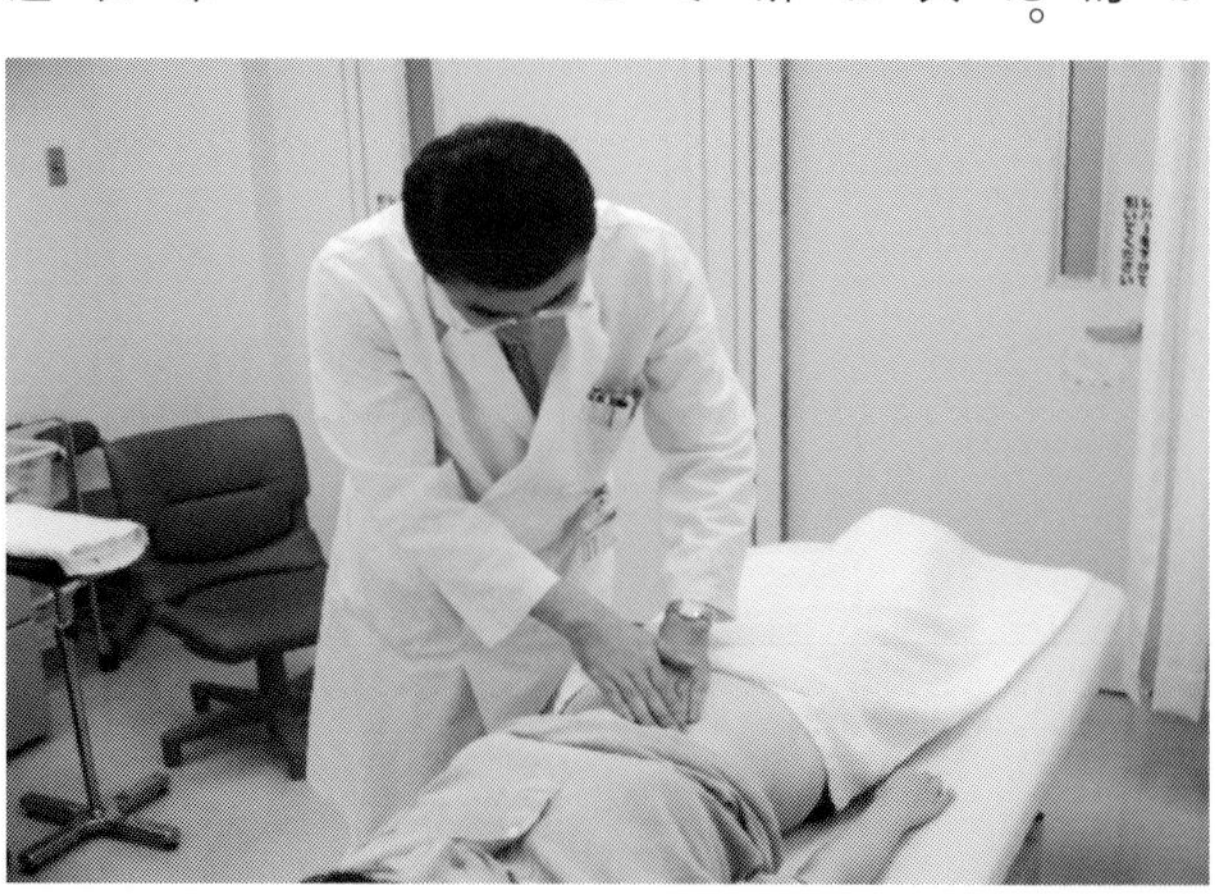

花輪先生の「腹診」中の模様

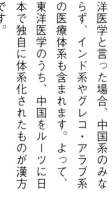

いったん崩壊してしまいます。

1970年代には薬害や環境汚染への反省から、自然への回帰や天然物の有効利用が注目されます。すると、西洋医学にはない利点があるということで、東洋医学を見直す動きが出てきました。

昭和51（1976）年には、多くの漢方薬が保険制度の薬価に収載され、暗黒時代を乗り越えた漢方が日本社会に復活することになります。

このように漢方の裾野が広がることは好ましいことです。一方で、裾野が広がることの問題点も現われます。

漢方の本質をじっくりと勉強し、伝統にのっとった使用法を教示する医師は少なく、表面的な漢方の知識に基づいて薬を処方する医師などが急速に増えました。

つまり、漢方の現状は、「普及はしたが、定着はしていない」のです。

経験を積み重ねなければ、得られぬものがあると思います。漢方の世界では、その積み重ねが伝統に繋がり、良き治療に繋がっていくものです。

道主　診察方法の基本は四診《ししん》（望診《ぼうしん》、聞診《ぶんしん》、問診《もんしん》、切診《せっしん》（脈診《みゃくしん》や腹診《ふくしん》））だと聞いております。それらをもちいて、患者さんの表面から内面まで診る。そのうえで処方を考えていくことが大切なのですね。

合気道にしろ漢方にしろ、多くの人に広まることは素晴らしいことだと思います。とはいえ、裾野が広がることに対する花輪先生の危惧も、よく理解できます。

合気道はいま、世界140の国と地域に広がっています。どこで稽古をするにせよ、物事の本質をとらえたうえで歴史や伝統を積み重ねることが大変重要です。少しやったら上手になると錯覚をされるのでは困ります。

その場・その時に結果を求めるのではなく、振り返って見ると成長を感じられるような姿勢で、稽古を続けることが大切です。

同じことが漢方の世界にも言えるのかもしれません。先生がおっしゃられた積み重ねと長いあいだに作られたものの大切さについては、私も理解できる気がいたします。

北里大学東洋医学総合研究所のエントランスに掲げられた「WHO伝統医学研究協力センター」のプレートの前にて

合気道も漢方もその中心によって方法論が明確に示されている

花輪先生　合気道の素晴らしさの一つは、決められた「型」があることだと思います。歩き方から始まり、立ち方、運足、そして技……。

道統を継ぐ道主が自ら、その「型」の模範を見せる。稽古生が「型」を学び、繰り返すことによって体得していく。

つまり合気道においては、道主という存在が中心にしっかりと存在しており、その中心に方法論が明確に示されています。

漢方にもまったく同じことが言えます。診察の基本である四診で、これらが合気道でいうところの「型」になります。そして、その「型」を末長く継承させていくためには、やはり中心が必要となります。

合気道の中心にいらっしゃる道主

は、中心にいながらも朝稽古を欠かしません。それこそが中心にいる者が持つべき模範ではないでしょうか。

道主　物事を達するために、中心が重要だという意見はごもっともです。

戦後、合気道が普及した理由はたくさんありますが、その中の一つは、本部道場が戦禍をまぬがれ、そこで吉祥丸二代道主が昭和24（1949）年から毎朝欠かさず定期稽古を続けていたことでした。

吉祥丸二代道主はけっして人任せにせず、身体が動くあいだは自分が前に立っていました。そのやり方を私も継承して、今に至っています。

中心となる者は、自分を律しなければなりません。律するからこそ、それを見る周りの人々が付いてくるのだと思います。そして、それが中心の役割であると思っています。

花輪先生　「自分を律する」という道主のお言葉は素晴らしいです。私も東医研の所長をしていた時には、外来の患者が来る際、私は必ず他の医師より先に出所していました。さらに所長時代は、月・火・水・木・土曜と、一番多く診療を行い、他の漢方医のお手本になるべく活動しておりました。また私の外来治療で良くなった症例を研修医にまとめさせ、論文作成の指導をし、研修医を筆頭著者にしました。論文の功績、手柄は研修医に譲る、所長・教授の実績にしないという態度を貫きました。逆に言えば、そうやって自分を律しないと、周りの人が付いてきてくれません。

道主　花輪先生がそのように活動なされれば、必然的に周りの人たちは付いてきてくれるでしょう。人間社会は、そういうものだと思います。

中心に幹となるものがあり、それを忘れない。さらに、やるべきことをしっかり押さえたうえで普及していく。合気道の場合も、そのようにありたいと思っています。

時代の変化に対応しつつ、本質を見失わないために伝統を守っていく

道主　花輪先生が会頭をつとめた第70回日本東洋医学会学術総会で、私は特別講演と模範演武をさせていただき、大変嬉しく思いました。緊張しながらの1時間でした。会場には、合気道を理解している方と、懸命に理解しようとする方がいることを肌で感じることができました。

花輪先生　まず、「合気道とは」と題した素晴らしい特別講演と実際に模範演武をして頂き心よりお礼申し上げます。東洋医学会の歴史の中で、武道の実演をして頂いたのは初めての試みで大反響でした。しなやかでスピードがあり、舞のような美しい動きとパーンと会場に響いた受身の畳を叩く音の迫力に会場は釘付けになりました。総会の参加者には合気道をやっている鍼灸師もおりました。彼らは、合気道をやっていても道主とお会いできることなどないので、興奮していました。今回総会参加者は初めて4千人を超える大盛会となりました。本当にありがとうございました。

総会の全体テーマは、「伝統の継承と近未来へのチャレンジ」でした。まず、中国二千年、日本一千五百年という医学の歴史があります。そして、欧米の医学も取り入れたうえで、今の日本の医学・医療は成り立っています。

そうした中で、日本では「伝統医学」というものが発展しました。伝統医学では「体験型経験知」を重視します。患者さんの治療を実際に何度も繰り返し、教科書では学べないような臨床の英知を学ぶことが求め

北里大学白金キャンパスにある東洋医学総合研究所。所内には、東洋伝統医学の歴史や、道具類の展示、生薬標本、鍼灸資料など貴重なある品々を展示する「東洋医学資料展示室」があり、どなたでも見学できます。入館料無料

られます。

　師匠と弟子は師弟制度のように寝食を共にし、師匠は本当に体得できた弟子のみに「技」と「こころ」の神髄をコソコソっと言葉少なに伝授します。これを漢方の言葉では口訣《くけつ》と言っております。近年、この師弟制度が急速に崩壊しつつあるのを、私は危惧してします。

　ところで、合気会には、泊まり込みで稽古をするような制度はあるのでしょうか。

道主　合気会の場合、指導部に所属すると3年間くらいは、指導と宿直を兼ねるようなかたちになります。

花輪先生　一方で、現代は「情報化の時代」だと言えます。ビッグデータをAI（人工知能）に学習させ、医学に役立てるような動きが進んでいます。一人の医師が数十年で身につけることのできる経験知（＝暗黙知）には限界があります。だからこそ、経験知の不足をAIの「形式知」でうまく埋め合わせるなど、時代の変化に臨機応変に対応する必要が生じます。
　つまり時代の変化に対応しつつ、本質を見失わないために伝統を守っていくような姿勢が、今の東洋医学には求められているのではないか。今回の総会では、そういったことをテーマにしてみました。

道主　花輪先生がおっしゃったことは、私にもよく理解できます。積み重ねたものを伝えていくということの重要さ。素晴らしいものは、過去における長い歴史の中で作り上げたものであること。そして、その素晴らしさを安易な形で継承することはできません。
　習い事の世界では、とかく習う側が「教えてもらおう」と考えてしまうことが多くなります。ですが、先生の一挙手一投足を観察しながら、自分で積み重ねていくことが、絶対に必要だと思います。
　守るべきものは守りながら、変えるべきものは変え、また変えざるをえないものもあるでしょう。とはいえ、どんなに医学の世界でAIの技術が進んだとしても、守るべきものは守っていかねばならないのでしょう。

合気道は気の医学であり東洋医学を具現化するもの

道主　ところで、総会での挨拶の際、花輪先生は「合気道は気の医学である東洋医学を具現化するもの」とおっしゃっております。もう少し具体的にご説明いただけますか。

花輪先生　東洋医学では「気」をとても重視します。とりわけ漢方では、気が生命活動を営む根源的なエネルギーとされています。気は目で見ることができませんが、何かの機能を持った無形のエネルギーであり、生命活動においては精神活動を含めた機能的活動を統括する役割を担っていると言われます。

　気を含めて、東洋医学では「こころ」と「からだ」の調和・バランスを健康の指標として重視する「心身一如」の立場をとっております。

　相手といたずらに強弱を競わず、体捌きと呼吸力から生まれる技で稽古を積み、心身の錬成を図る合気道とは、東洋医学が指標とする心身一如の立場を、目に見えるかたちで具現化しているのではないか。そんな思いから、合気道が「気の医学である東洋医学を具現化するもの」だと紹介しました。

漢方薬は自然の恵み、漢方医学は「証《しょう》」の医学

道主　ここで、あらためて漢方薬と漢方医学の関係について、ご説明いただけますか。

花輪先生　自然界にある、主として植物の「草根木皮」や鉱物、動物の化石・乾燥物などを経験知で配合し、たとえば「葛根湯《かっこんとう》」のように名前を付けて、漢方的な病態認識のもとで使用する薬のことを漢方薬と言います。

　自覚症状や他覚的な所見から、関連し合っている症状などを総合して得られた病態を「証」と言います。漢方は、この証にしたがって使うものであり、その考え方は西洋医学と大きく異なります。

66歳にして合気道の稽古に参加以来、心身の安定化に繋がっている

道主　花輪先生は最近、本部道場での稽古にいらっしゃるようになりました。稽古は、参加する方々がさわやかな気持ちになり、相手を思いやる心を持ってもらえればと思いながらやっております。それが合気道が一番大事にする部分でもあります。

　今朝の稽古に参加して、花輪先生はさわやかな気持ちになられましたか（笑）。

花輪先生　はい、汗をびっしょりかき、さわやかにそしてふらふらになりました（笑）。しかし、稽古は見るのと、実際にやってみるのでは大違いですね。稽古では、普段とは違う筋肉を使う。身体が固くなっていることに気づき、自身の老化をしみじみ感じました。

　しかし何より驚いたのは、稽古によって肩こりがなくなったのと、私は四十肩・五十肩はなかったのですが、ここに来て六十肩（?）、専門的には左の肩関節周囲炎になっていました。左の腕を後ろにまわすと痛むのですが日常診療に差し支えなく、整形外科でも「歳のせいです！」「一年もすれば少しずつ動くようになるし、痛みもなくなる」と冷たく言われました。それが道主に第一教で肩関節を優しく極めて頂くうちに、数か月でほぼ痛みがなくなりました。

道主　それはそれは！　お医者さんの治せない病気を私が治すことができて恐縮です（笑）。合気道の稽古は技や受身を繰り返す反復稽古を大切にします。繰り返し稽古を積み重ねることで、技や受身の動きを覚えると同時に足腰が鍛えられます。また稽古では左右や表裏を必ず行います。そのことが左右のバランスを保ち、心身の安定に繋がるのだと思います。さらに現代の生活では少なくなってきた畳の上での所作も足腰や体幹の鍛錬や安定には重要なことだと思います。

　では、このような合気道の稽古法と、先生が専門になさっている東洋医学・漢方。これらの中で、何か繋がるようなものはありますか。

花輪先生　合気道では体幹を自然に鍛え、柔軟にすることが大切であることを知りました。東洋医学でも、体幹を整えることや左右のバランスを整えることが重要であり、また正座をしたり跪座《きざ》をしたりという、和の様式も大切だと言われます。合気道では、それらを毎日の稽古のなかで実践しています。そして、その稽古は道主が先頭に立って行われている。とても素晴らしいことだと思いました。

　また、合気道の稽古を続けていれ

北里大学白金キャンパス内には、近代日本医学の先覚者である北里柴三郎博士の歴史、研究成果、北里研究所のあゆみを展示した「北里柴三郎記念館」があり、どなたでも見学できます。入館料無料

ば、足の血流がよくなり、全身の動脈硬化の予防になるでしょう。動脈硬化は足から始まります。私どもの研究所では全身の動脈硬化の程度や足の血流の様子を簡単に測定することができます。おそらく道主の動脈硬化度を測定すれば、「とても若い！」という結果が出るのではないでしょうか。

道主　確か数年前に測定したことがあります。40代の血管年齢と言われました（笑）。

花輪　やはり！　すごいです（笑）。私は合気道にはずっと憧れを持っていましたが、忙しいのを理由にして、道場に行けませんでした。40代になって、もう若くないから武道は無理だとあきらめていました。しかし66歳でも始めることができました。従って60代、70代の健康寿命を充実するために、同世代の方々に合気道を始めてほしいと心底感じております。

道主　医学的な見地から合気道のよさをご説明いただき、とても嬉しく思います。合気道の稽古法は、必ず右と左を交互にやり、バランス良く組み立てられております。

私の祖父・植芝盛平がこう言っております。稽古を通じて心身の鍛錬を積み重ね、至誠の人を目指すことが重要であると。

花輪先生はそのことを理解なさっており、ありがたく思っております。

花輪先生　もう一つは、道場に通う人の中に、外国人が多いことに驚きました。稽古の様子を見ていると、彼らが合気道をリスペクトしている様子がうかがえます。

私が好きな言葉の一つに、「和して同ぜず」というものがあります。協調（協力）はするが、むやみな同調（雷同）はしない、という意味です。かつて日本文化研究の権威だったドナルド・キーン氏が、他国へ日本文化の良さを発信する際、「和」という言葉を使っていたのを思い出します。

加えて、和をなすためには軸が必要になるでしょう。合気道の場合、道主という軸があり、その軸を元に弟子たちが和をなす。そして、その和が日本国内のみならず、世界各国に合気道が伝わっているように見えます。

道主　漢方にしても合気道にしても、良いものは良いということなのではありませんか。良いものだからこそ、そうした日本の文化が良いかたちで海外に伝わっているのだと思います。

漢方においては、医師にも患者にも今こそ本物志向が求められる

道主　今日のお話をうかがって、東洋医学や漢方と合気道とで、共通するものが多々あることを感じ、また嬉しくも思いました。

最後に、花輪先生の座右の銘と今後の抱負を教えていただけますか。

花輪先生　座右の銘は、「人生無別離、誰知恩愛重」（人生に別離がなければ、人は恩愛の重きを知ることができない）です。これは蘇軾《そしょく》の『蘇東坡《そとうば》全集』にある言葉で、恩師である大塚恭男先生が私に教えてくれました。

まだまだ私には漢方を極めたいという気持ちがあります。東医研の歴代所長を見習って、やすきにおもねることなく、漢方の頂上を目指して登り続けられればと思っています。

漢方においては、医師にも患者にも、今こそ本物志向が求められているのだと感じています。

道主　では、今後も合気道の稽古を続けていただきつつ、漢方の頂上に向かってお進みいただくことを期待しております。

本日はありがとうございました。

東洋医学総合研究所では、動脈硬化の程度を簡単に測定！

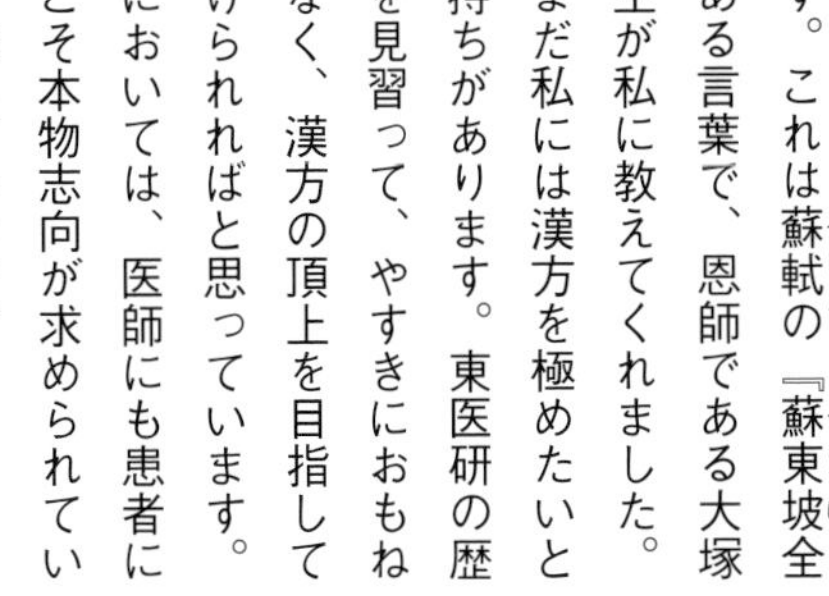

動脈硬化の程度は、CAVI（心臓足首血管指数）とABI（足関節上腕血圧比）の検査結果でわかります。同研究所では、この２点を測定し、当日すぐに結果の説明をしてくれます。

CAVIは動脈の硬さの程度を表わし、年齢が高くなるに従ってR/L-CAVIの値は高くなります。ABIは足の動脈の詰まりの程度を表わし、ABIの値が低くなるに従って、狭窄《きょうさく》や閉塞《へいそく》の可能性が高くなります。これらを簡単に測定できることで、動脈硬化の早期発見と治療に努められます。（金額1,500円）

※1ページから続く

令和元年度・第41回
全日本少年少女合気道錬成大会
武道館に響き渡る少年少女の声、ほとばしる汗に感動した1日

参加者は着替え、指示どおりに演武場に整列。植芝守央道主をはじめとする開会式挨拶に耳を傾ける

改修前日本武道館最後の錬成大会

猛暑に見舞われた前回とは違って、令和元（２０１９）年７月14日盛夏は雨交じりの天候となった。しかし朝９時の受付開始を待たず、続々と少年少女の参加者、道場関係者が千代田区の日本武道館に集まり、１年に一度の祭典が始まった。

全国からおよそ175の団体、２１５８名の少年少女参加者が集う。さらに合気会を中心に４５０名の実行委員が錬成大会をサポートする。

梅雨が明けきらない異例の真夏。雨模様の朝にも関わらず早くから参加者や関係者が日本武道館に集い、次第に熱気が武道館に充満してきた

各参加者は着替えを済ませ、所定の位置に整列。11時、令和元年度・第41回全日本少年少女合気道錬成大会の幕が開かれた。

（公財）合気会・植芝充央本部道場長の開会宣言に続き国歌斉唱。初めに大会会長の高村正彦（公財）日本武道館会長が「この素晴らしい体験を地元に伝え、合気道を広めてもらいたい」と挨拶。

続いて（公財）合気会理事長の植芝守央道主が大会名誉会長として挨拶。「基本錬成では指導の先生たちの技の動きをしっかりと見て聞き、多くの方々と交流をしてほしい。また演武錬成では日頃の成果を存分に発揮してもらいたい」と述べた。

また来賓として、参議院議員・元国務大臣の山谷えり子（公財）合気会理事が祝辞を述べた。続いて祝電披露が行われ、大会委員長の尾﨑晌全日本合気道連盟理事長より錬成上の注意などが示された。誓いの言葉は桶川合氣会の吉田琳太良さん（中学1年生）と宮本奈々さん（小学3年生）が元気良く大きな声で言葉を発し、開会式を締めくくった。恒例の少年少女武道優良団体の表彰は、東京都の杉並合気会、千葉県の朋清

会白井道場の2団体が表彰され、高村会長より賞状が手渡された。

開会式後すぐに基本錬成が行われた。最初に舟漕ぎ運動で身体をほぐし、稽古錬成へと舞台は変わっていく。稽古錬成では、5名の合気道本部道場指導部の下、約2時間、第一部〜四部に分かれそれぞれの参加者が稽古を行った。

植芝充央本部道場長による模範演武。迫力のある技、キレのある動きに日本武道館中の視線が集中し魅入る

175団体が日頃の成果を見せる演武錬成

演武錬成が始まったのは午後1時半。参加者は5面に分かれた演武場にて2分間の演武を行う。自分たちの日頃の稽古の成果をここで発揮するのである。太鼓の合図と共に175団体が素早く入れ替わり、全員が演武を実践。基本錬成で心も身体もほぐれたのか、緊張感漂う中、思う存分に日本武道館演武場で技を披露。大勢の観客席からの視線、メディア報道のカメラが追いかける中、たった2分の演武時間とはいえ、皆の集中した面持ちが凛とし、次第に汗ばむ参加者は、全員が清々しく力強く演武錬成を魅せ

本部道場指導部による手本を間近で体験し、実際に稽古をする。参加者にとってはまたとない貴重な時間となった

限られた時間に集中して稽古する

大会名誉会長・(公財)合気会理事長・植芝守央道主

(公財)合気会・植芝充央合気道本部道場長

可児　晋(公財)合気会理事

大会委員長・尾﨑　晌全日本合気道連盟理事長

山谷えり子参議院議員・(公財)合気会理事

待機中もしっかりと稽古を見つめる。普段とは違う空気を楽しむ

1団体2分間の演武錬成。175団体2,158名が披露した。短い時間だからこそ集中して心と身体を動かす

てくれた。

演武錬成は第一部、第二部に分かれ、最後に植芝充央本部道場長による模範演武が行われた。「演武大会では日頃の練習が活かされます。日々鍛錬を行ってください」と挨拶されたあと、一瞬の静寂が訪れ模範演武が始まった。と同時に迫力のある動き、キレのある技が続き、日本武道館中の皆が固唾をのむほどに魅せてくれた。

模範演武を終え、日本武道館は閉会式へとスケジュールは滞りなく進行した。閉会式の初めは各賞の授与。まず努力賞。努力賞は日頃合気道を通じて熱心に鍛錬している少年少女を各道場から推薦を受け、今後ますますの精進への励みとするもの。ここでは受賞された皆さんを代表して、南林間カルチャーの牛尾優里さん（小学5年生）が植芝道主より授与された。続いて錬成証。参加者代表として神奈川県・月窓寺道場の井ノ口月雫さん（中学2年生）が植芝道主より授与。道場代表として、東京都・仲池合気道同好会が大会委員長の三藤芳生（公財）日本武道館常任理事・事務局長から授与された。

令和元年度・第41回全日本少年少女合気道錬成大会の締めくくり、閉会の時間。挨拶は可児晋（公財）合気会理事である。「本日の様々な体験を是非これからの稽古に活かしてください」と締めの言葉で結んだ。

日本武道館は第32回東京２０２０オリンピック／パラリンピックのために令和２（２０２０）年は使用ができず少年少女錬成大会は行われない。現在中学3年生に加え2年生も、この錬成大会が最後の参加となってしまう。しかしこの日魅せてくれた子供たちの眼差し、集中力、汗は、来年の大会に向け大いなる期待を残してくれた。

午後4時半。すべての進行を終え、令和元年度・第41回全日本少年少女合気道錬成大会は終了。参加者は武道館正面や演武場で記念写真撮影を楽しみ、祭りのあとを迎えた。

普段稽古をしない人たちとの交流も稽古錬成の特徴だ

小学生から中学生まで、心を一つにして演武を楽しむ

なかなか踏み入れられない日本武道館の演武場で、1年に一度の少年少女合気道の祭典。大会終了後の記念撮影は今や定番だ

日本武道協議会 少年少女武道優良団体表彰

この表彰は毎年全国団体の中から、少年少女武道の普及振興に関し特に顕著な成果を挙げた団体に贈られます。団体の代表と稽古生に、現在の活動内容や今後の展望、受賞の喜びなどを聞きました。

優良団体表彰を手にする杉並合気会（左）と、朋清会白井道場

杉並合気会

「杉並合気会と私の合気道人生」

会長　大島啓義

このたび、令和元年度・第41回全日本少年少女合気道錬成大会で、少年少女武道優良団体に表彰され光栄に存じます。これもひとえに道主並びに合気道本部道場の諸先輩方のお力添えによるものと心より感謝申し上げます。

私は昭和32（1957）年に合気道本部道場に紹介者として藤平幸一師範、保証人として大澤喜三郎師範で入門しました。そして開祖植芝盛平翁から昭和40（1965）年9月に弐段、植芝吉祥丸二代道主から平成元（1989）年1月に六段、植芝守央道主から平成14（2002）年1月に七段を允可され、三代にわたり合気道を修練しています。

昭和62（1987）年4月に杉並合気会が設立され、創設者の故加藤弘（八段）師範の下で、共に会の発展に努めてまいりました。そして、平成24（2012）年12月2日加藤師範逝去により杉並合気会の会長に就任いたしました。

杉並合気会は「和」を尊び、楽しく、明るく、健康に、をモットーに稽古しています。子供クラスでは、小学生から中学生まで、稽古を通して「礼に始まり礼に終わる」という礼儀の大切さを教えつつ、基本技を中心に楽しく稽古を行っています。大人クラスは、老若男女、外国人も含め、幅広い年齢層でお互い敬意を持ちながら、楽しく和気あいあいと稽古を行っています。

申し上げるまでもなく、合気道はただ相手を投げるというものではなく、相手とむすび・くずして制するということが重要になります。お互い尊敬し合いながら今後も楽しく稽古に精進してまいります。

このたびの表彰は、平成15年度から参加していてとても喜ばしいことでした。そして子供たちにとって今後のとても大きな励みなり、大変感謝申し上げます。

「六級での錬成大会」

小学5年生　佐々木悠仁

僕は今年六級で錬成大会に参加しました。

体の小さい僕を心配し、いじめる、いじめられる、がないようにと父に勧められ、5歳で杉並合気会に入会し錬成大会には2年生の時に初めて参加しました。その時はまだ十級レベルで何をすればいいかわからず立っているままでした。でも六級になった今はみんなと一緒に演武できるようになりました。

開会式には多くの来賓の方たちが来ていてみんな応援してくれているんだ、と思いました。また、北は青森、南は愛媛からの二千人を超える参加者には驚きました。稽古錬成第四部では難しい技をやっていて、うまい人が多く、僕のあこがれです。模範演武は動きが素早く無駄がなく、とても迫力がありました。

今年は優良団体賞と努力賞がもらえ、演武錬成は真ん中の畳で行い、すごく緊張しました。技は逆半身片手取り四方投げと正面打ち一教と正面打ち入身投げをやりました。どれも2年生の時と比べてだいぶできるようになったように思います。

普段の子供クラスの稽古では上級生になり、下級生も多くなったので、下級生を教えられるように、もっと練習が必要だと思いました。来年はオリンピックのため錬成大会は開催されないと聞きましたが、また錬成に参加し多くの演武を見て技を磨くきっかけにしたいと思います。

大会会長の高村正彦（公財）日本武道館会長より表彰を受ける水谷憲夫道場長

日本武道協議会
少年少女武道優良団体表彰
——朋清会白井道場
「共に稽古ができる喜び」
道場長　**水谷憲夫**

　このたび、「少年少女武道優良団体」に選ばれ、表彰していただける喜びを道場生たちと共に喜びました。少年少女たちが、15年間一生懸命頑張って築き上げた稽古の成果を認めていただきましたのは、ご推挙を賜った道主及び諸先輩の方々のお力添えによるもので、武道の聖地において栄誉な表彰を受けることに深く感謝申し上げます。

　この15年間を振り返ると、平成16年錬成大会に朋清会グループの一員として、白井道場5名の少年少女たちを連れて初参加しました。電車移動中、小学校低学年のため、遠足気分で、車内ではしゃいでいましたが、九段下駅で下車時に年長の少年が帽子を脱ぎ「お騒がせしました」と大きな声でお詫びして降りました。車中の大人が一瞬驚いた表情で、私たち一行を見送っていました。内心得意になり、誇りにさえ思えた瞬間でした。

　清水康夫師範のご指導のおかげで、少年少女たちが徐々に増えてまいりました。錬成大会にも単独で朋清会白井道場として、参加ができるようになりました。当初の電車移動から、マイクロバス、大型バスと移行してきました。

中学生になると部活や塾等で、彼らは忙しい毎日を送っています。そして幼稚園児の時から合気道の稽古をしている彼らは、動き(体捌き)が優れているため、部活等では中心的な役割を果たしています。

　少年部の八割弱が幼稚園児の時から続けています。(一般の部でも半数が幼稚園児の時からの継続者です)今回も、少年部OB（11名）が少年少女たちの世話をしてくれました。

　幼児から、少年、青年、成人に成長していく過程を見守りながら、共に稽古ができることを幸せに感じています。

　このたびの受賞により、少年少女たちに自信と勇気、名誉と誇りを与えていただき、心よりお礼を申し上げます。

「僕の宝である『合気道』よ、永遠に」
中学３年生　**佐藤葉琉**

　僕が合気道に出会ったのは幼稚園の頃。先輩方が稽古をする姿が憧れでした。先輩方は優しく教えてくれて、格好良かったです。

　小学生になると僕にも後輩ができました。自分よりも小さな後輩に教えるのは想像以上に難しく、大変だったことを今でもはっきりと覚えています。

　自分の技も段々と難しくなり戸惑いも覚えましたが、繰り返し稽古をすることで、合気道の楽しさがわかってきました。汗をかくたびに先輩方に近づいていく気がして、嬉しくそして励みにもなりました。

　水谷先生には、合気道以外にも人として大切なことをたくさん教わりました。後輩にはどう教えるのか、目上の人への態度、礼儀やマナー等、数えきれません。

　合気道に出会えたことは、人生の宝だと思っています。合気道に出会っていなかったら、今の僕はいないでしょう。はっきり言えます。

　僕は合気道が大好きです。

　僕は中学3年生、少年部最後の錬成大会です。何度も参加してきた錬成大会、1年に1度のこの日が毎年楽しみでした。

　今回の錬成大会で気が付いたことがもうひとつ。僕が憧れている先輩方の目の先には、必ず水谷先生の姿があるということ。結果、水谷先生が僕にとって1番の憧れであることに気が付きました。合気道のみならず、人生の大先生である水谷先生に少しでも近付けるよう、僕はこれからも精進していきます。

　僕の宝である「合気道」よ、永遠に。

ちかいのことば

2,000名を超える参加者を代表して、桶川愛氣会の吉田琳太良くんと宮本奈々さんが、開会式にて「ちかいのことば」を述べてくれました。お二人から感想を聞きました。

『一生の誇り』

桶川愛氣会　中学1年生
吉田琳太良

僕が合気道を始めて7年目になります。お父さんが子供の頃に通っていた道場で、おじいちゃん、おばあちゃん、お父さん、2人の弟と、3代で道場のみんなと一緒に稽古をしています。

僕が先生から「ちかいのことば」の話をいただいた時、家族のみんなは自分のことのように喜んでくれました。僕は「本当にだいじょうぶかな」と不安で頭がいっぱいでしたが、家族や道場のみんな、他の道場の先生たちからも応援してもらい「がんばるぞ！」と気合が入りました。お母さんに手伝ってもらいながら、一生懸命たくさん練習しました。その結果、本番では胸をはって、2人で堂々と宣誓することができました。

これから、合気道の稽古に励んでいく中で最高の自信となりました。そしてこの自信は僕の一生の思い出と誇りになりました。先生やみんなに感謝の気持ちを忘れず、稽古を続けていきたいと思います。

『すごいけいけん』

桶川愛氣会　小学3年生
宮本奈々

わたしは毎週日曜日にお父さんと桶川愛氣会に通っています。見たことは無いけれど、お母さんも大学生のとき、合気道を練習していたようです。

合気道の好きな技は入身投げと回転投げです。きれいに決まると気持ちがいいです。

目標としている人は、私のお姉ちゃんです。お姉ちゃんは中学生になって辞めてしまったけど、お姉ちゃんのようにできるよう頑張りたいです。まだ、後ろ回り受身が苦手なので、いっぱい練習して上手にできるようになりたいです。

今回のれんせい大会では令和元年という大事な年に、ちかいのことばをけいけんさせていただきありがとうございました。

最初に話を聞いたとき、どうしようかな。と、思いましたが、一生に一度のけいけんと思い、がんばってみました。

最初はうまく言えなかったけど、練習するうちにはっきりと言えるようになりました。

このけいけんを合気道やべんきょうに生かしていきたいなと思いました。

開会式に演武場に勢ぞろいした少年少女を代表してちかいのことばを宣誓

特集　夏・秋開催：合気道三大会詳細レポートPart2　※2ページから続く

第18回全国高等学校合気道演武大会

令和という新時代の幕開けにふさわしい熱い一日

植芝守央道主、山谷えり子合気会理事等、多くの祝辞が贈られた開会式

凛とした空気に響く　大会開始を知らせる太鼓の音

高校生たちにとって夏休み真っただ中である8月9日、第18回全国高等学校合気道演武大会が開催された。日頃の鍛錬の成果を発揮し、合気道に励む他校の仲間と触れ合える貴重な一日である。

東京メトロ千代田線の綾瀬駅を降りて、徒歩5分。会場である東京武道館は、公園を抜けた先に堂々と建っていた。館内には、外の酷暑を感じさせない凛とした空気が漂っている。開祖・植芝盛平翁の写真と国旗・連盟旗が掲げられた正面に向かって、左は白の演武場、右は赤の演武場と、2面の演武場が設えられ、演武者たちが整列をした。いよいよ、待ちに待った年に一度の晴れ舞台の幕開けである。

会場である東京武道館に、高校生たちが続々と集まってくる

開会式は太鼓の連打を合図に始まった。大会実行副委員長吉田洋孝全国高等学校合気道連盟副理事長の開会の辞に続いて、全員起立しての国歌斉唱。そして大会会長の平澤憲次全国高等学校合気道連盟会長が、「特に今年は、令和元年ということで、記念すべき大会だと思っています。北は山形から南は福岡まで、全国の高等学校で学ぶみなさんが一堂に会して演武できることを嬉しく思っております」と挨拶した。

続く来賓祝辞に立ったのは、大会名誉会長の植芝守央（公財）合気会理事長・合気道道主である。「今日ここに参加されたみなさん、多くの仲間たちと交流を深めて、しっかりと稽古をしていただきたいと思います。このような大会が開催できるのも、先生方や保護者のみなさまのおかげだという感謝の気持ちを忘れず、今日一日を夏の思い出にしてください」との言葉に、大きな拍手がわき起こった。

次に参議院議員・元国務大臣の山谷えり子（公財）合気会理事が、「人生100年、生涯かけて学ぶにふさわしい合気の道です。今日は日頃の成果を精一杯発揮しながら、明日のお稽古につなげていただきたい」と、明るい声で華やかに祝辞を贈った。続いては祝電紹介である。多くの祝電の中から、山口伸樹笠間市長からの祝電が紹介された。

2校ずつ、2面の演武場で技を披露

学校内の部活動で稽古をするのとは違い、大勢が見つめる中での演武。少し緊張もありながら、集中して技に挑む

大会会長・平澤憲次全国高等学校合気道連盟会長

大会実行副委員長・吉田洋孝全国高等学校合気道連盟副理事長

大会実行委員長・井出啓之全国高等学校合気道連盟理事長

山谷えり子参議院議員・（公財）合気会理事

それぞれの演武を存分に披露し講習会で交流を図る

開会式が終わると、12時30分よりプログラム第一部の演武が始まった。参加40校から2校ずつが赤白の演武場に分かれて、それぞれの演武を披露する。各校の持ち時間は、入退場と礼も含めて4分間。その短い時間の中で、この日に向けて懸命に稽古してきたすべてを出し尽くすのである。

20組計40校の演武は、2人だけで披露する学校から44人もの大所帯ま

植芝充央本部道場長の模範演武。流麗にして力強いその演武は、高校生たちの憧れである

第二部の藤巻宏本部道場指導部師範による講習会。師範はまず手本を見せながら、高校生に向けてわかりやすいよう丁寧に説明

大会終了後、率先してマット等を運び、きびきびと会場の後片付けを行った

講習会で、藤巻師範から受けた説明を実践してみる高校生たち。他校の生徒との交流も兼ねて、無心に組み合う

で、人数はさまざま。さらに見せ方もさまざまで、個性の違いが感じられた。ただ共通していたのは、ひたむきに汗を流す清々しさである。全国から集まった若き高校生たちが、「合気の道」という同じ目標に向けて努力する姿は、とても伸びやかで美しかった。

40校の演武が終わると、招待演武として茨城県・新潟県・埼玉県・神奈川県・千葉県・東京都の各合気道連盟所属の道場からも、高校生たちが登場した。そして、同じようにひたむきな姿を見せてくれた。

第一部の最後を飾ったのは、植芝充央本部道場長の模範演武である。学生たちは道場長を囲むように正座し、その技を一心に見つめる。基本が中心の約10分間の模範演武であるが、流麗で力強い本物の合気道に触れるまたとない機会であった。

第二部は、藤巻宏本部道場指導部師範による講習会である。まず参加高校生全員が演武場いっぱいに広がって準備体操をする。次に藤巻師範が説明をしながら見本を見せると、いよいよ学生たちの実践である。「せっかくだから、違う学校の生徒と組もう！　この機会に仲間と交流してください」との藤巻師範の呼びかけに、学校の垣根を越えた稽古となった。本部道場の指導部も高校生たちがぶつからないように見て回りながら、一緒に稽古を行う。

充実した時間を終え、大会を総括する閉会式が行われた。大会実行委員長の井出啓之全国高等学校合気道連盟理事長が、「演武には各校の特色が出ており、日頃の成果が十分に発揮されました」との講評と共に、関係者各位への感謝を述べて閉会の辞とした。

大会のすべてを終えた演武場では、高校生たちが協力し合って畳の撤去や清掃をはじめていた。緊張が解け、楽しげでもあるその姿は、はつらつとして頼もしい。卒業していく者も、来年の演武大会へと歩みを進める者も、今は一緒に大会の余韻をかみしめている。盛夏の熱い一日は、こうして高校生たちの胸に思い出として刻まれた。

第18回全国高等学校合気道演武大会
参加校、招待演武道場からの感想

第18回大会は全国から40校、さらに招待演武した19の道場や団体が集まり、演武に、講習会に、汗を流しました。それら参加校を代表して6名の高校生に、参加しての感想、そこから生まれた今後の目標などを聞きました。

宮城県
東北学院榴ケ岡高等学校
嶋村《しまむら》悠生《ゆうせい》（2年生）

私は今回の演武大会への準備を通じて、同じ目標を持てば、皆が成長できるということが実感できました。

本校の合気道部には一つ上の先輩がいないため、昨年秋からは1年生の私が部長になりました。最初のうちは初心者でもあり、どのように部員に声をかけていいかわからず、各部員がばらばらに稽古に取り組んでいる状況でした。

しかしこの演武大会への出場を部の目標とし、同じ技の完成を全員で目指すことを意識してからは各部員がお互いに声を掛け合い、指摘しあうことができるようになりました。その結果、部全体のレベルを上げることができたと思います。

大会当日は普段なかなか目にすることができない、高いレベルの他校の演武を見ることができ、大きな刺激を受けました。日々の生活の仕方や考え方を変えてくれた合気道に、これからも真摯に取り組んでいきたいと思います。

茨城県
茨城県立友部高等学校
海老沢《えびさわ》大樹《たいじゅ》（3年生）

この大会を経て感じたことが2つあります。

1つは、講習会で他校の生徒と組んで感じたことです。私たち友部高校の合気道部は誕生して間もないこともあり、個々のレベルは高くありません。講習会でレベルの高い人たちと稽古できて参考になることが多く、とても役に立ちました。

2つめは、他校の演武を見て練習不足だなと感じました。またそれぞれ高校に個性のようなものがあり、勉強になりました。それらの経験を生かし、これからも合気道を続けていきたいと考えています。

千葉県

銚子合気会
髙梨《たかなし》　恭《きょう》（1年生）

千葉県合気道連盟所属の道場として招待演武に参加させていただきありがとうございました。僕は今年初めてこの大会に参加しました。大会に備えての稽古は、なかなか全員が揃うことができずに大会の日を迎えたので、不安な気持ちで一杯でした。

東京武道館に着いてみると、同世代の合気道部の仲間が大勢いることに驚き緊張し、不安になりました。

演武の順番も最後だったのでかなり緊張し、うまくできるか心配でしたが、皆日頃の稽古どおりの演武ができたので安心しました。

講習会では、他校とのコミュニケーションを取りつつ技について学べたので、良い経験になりました。袴を履いた人たちとも稽古できたので良かったです。

植芝充央本部道場長の演武は迫力があり、いつかあのような技や受身を取れるように一生懸命稽古に励みたいです。

東京都

富士見中学高等学校合気道部
石原明日香《いしはらあすか》（2年生）

わたしは今回の演武大会で腰投げをやらせていただきました。高校1年生の時に軽く技を先生に教えていただきましたが、本格的にやることは初めてでした。相手を腰に乗せることでさえ大変でしたが、練習をしていく中で先生からのご指導のもとコツを摑んでいき、演武大会では思いっきり相手を投げることができたと思っています。

植芝充央本部道場長の演武はスピード感や力の入り方など迫力が違い圧倒させられるものでした。わたしも生涯合気道を続け、できるところまで本部道場長に追いつけるような演武をしたいと思いました。これからまだ引退まで半年間あるので、声に重点を置いて、練習に励んでいきたいと思いました。講習会では、春の講習会で会った子がいて、その子と仲良くなれたことが本当に嬉しかったです。

新潟県

新潟みなと道場

麓《ふもと》 雄太《ゆうた》（2年生）

今回初めて参加した演武大会でしたが、日頃の練習の成果を十分に発揮でき、とても嬉しく思います。また、全国の高等学校のみなさんと合気道で繋がれたことで改善点が見つかり、大変勉強になりました。

日頃の練習がいかに大切なのかを、改めて感じました。

今回参加したことを活かして、これからも合気道の稽古に精進したいです。

大阪府

大阪府立大学工業高等専門学校

田中《たなか》慧征《さとゆき》（3年生）

大会の3日前までテストがあり、時間がない中で使える時間を探して演武の準備を行いました。

実際に演武した時緊張してしまい少々力んでしまいましたが、稽古を思い出し、精一杯の演武ができたのではないかと思います。

そして各校が普段、稽古に真剣に取り組んできているのが演武と講習会を通して感じることができ、自分たちももっと精進せねばと感じました。

また、植芝充央本部道場長の演武を見させていただき、合気道という武道の奥深さを感じることができました。

講習会で他校の生徒さんと組ませていただいたことで、技一つでも他校との違いがあるのだと感じました。

※3ページから続く

第59回全国学生合気道演武大会
第1部、第2部に分かれて、77団体480名が日頃の成果を披露

植芝充央本部道場長による稽古錬成では、少しでも技術を吸収しようと、コの字型になって道場長の手本を見つめる学生たち

新たに全九州学生合気道連合会が学連に加盟

第59回全国学生合気道演武大会は近年日本武道館での開会が恒例となっているが、日本武道館が東京2020オリンピック・パラリンピックに向けた改修工事のために使用できなかったために、11月30日（土）に名古屋にある愛知県武道館にて開催された。

午前11時30分、演武場に駆け足で学生が入場し、開会式の幕は力強い太鼓の連打で切って落とされた。全国学生合気道連盟の水野雄太副委員長（中京大学）の開会の辞から始まり、国歌斉唱。主催者代表として同連盟の西山奈那委員長（法政大学）が挨拶を行った。

続いて全国学生合気道連盟会長である植芝守央（公財）合気会理事長・合気会道主、大会顧問の尾﨑晌全日本合気道連盟理事長の挨拶、来賓祝辞、会長賞の返還と続き、開会式は終了。

すぐに第1部の演武が始まる。第1部は関東学生合気道連盟25団体、北海道学生合気道連盟から1団体、中部学生合気道連盟7団体、北海道昨年度連盟賞受賞団体の酪農学園大

稽古錬成では、演武者たちが演武場いっぱいに広がって稽古。学生たちが示範を参考に体を動かし始めると、道場長は丁寧に見て回り、所々で直接手を取って指導する

演武場を２面に分け、２団体ずつ演武を披露

会長賞を授与される関西大学

学、関東昨年度連盟賞受賞団体の千葉工業大学と東京経済大学が演武を行った。

そして第1部の最後は、植芝充央本部道場長による稽古錬成である。240名の学生が参加し、熱のこもった錬成は40分以上続き、他校の学生同士の稽古を通して交流も深め稽古錬成は終了した。

第2部では関東学生合気道連盟12団体、関西学生合気道連盟9団体、東北学生合気道連盟5団体、中・四国学生合気道連盟7団体、全九州学生合気道連合会2団体、中部昨年度連盟賞受賞団体の中京大学、関西昨年度連盟賞受賞団体の和歌山大学女子合気道部と男子合気道部、中・四国昨年度連盟賞受賞団体の岡山大学、昨年度斯道奨励賞受賞団体の防衛大学校、昨年度会長賞受賞団体の法政大学が演武を行った。

なお平成31（2019）年、新たに全九州学生合気道連合会が加盟し、名実共に全国学生合気道連盟となった。

大会の最後には植芝守央道主による総合演武が行われた。多くの学生が畳を囲み、間近で植芝道主の演武に集中する。道主は年に一度の本大会を締めくくるにふさわしい見事な演武を披露した。

総合演武終了後、学生から植芝道主に花束が贈呈された。閉会式では第59回全国学生合気道演武大会の会長賞・斯道奨励賞・連盟賞が授与された。会長賞を関西大学、斯道奨励賞を山口県立大学、連盟賞を岩手大学、学習院大学、駒澤大学、日本大学法・経済・商学部、明治薬科大学、愛知淑徳大学、滋賀大学が各賞を受賞した。

そして、全国学生合気道連盟の藤井更紗事務局長（東北大学）が閉会の辞を述べ、植芝道主の退場を拍手で送り、今年度の学生合気道の祭典は幕を閉じた。

なお演武大会終了後、祝賀会が行われ各地区の次期委員長が発表された。各地区次期委員長は以下のとおり。全国・関東学生合気道連盟委員長＝宮森かおり（上智大学）、北海道学生合気道連盟委員長＝水尻雄也（北海度大学）、東北学生合気道連盟委員長＝壇上梨花（東北大学）、中部学生合気道連盟委員長＝中山真里（中京大学）、関西学生合気道連盟委員長＝宮本あすか（同志社大学）、中・四国学生合気道連盟委員長＝小澤大智（広島大学）、全九州学生合気道連合会＝山本彩加（西南学院大学）。

祝賀会は道主、来賓、大学の先生方、多くの学生で大いに盛り上がり、交流を深め、第59回全国学生合気道演武大会は盛会のうちに幕を閉じた

第8回

誌上講習会

半身半立ち片手取り四方投げ　表・裏

合気道本部道場長　植芝充央
受け：里舘 潤（本部道場指導部指導員）

植芝充央本部道場長が各地で行っている講習会を、本誌面にて再現する企画「誌上講習会」。今回は「半身半立ち片手取り四方投げ」の「表」と「裏」を講習します。合気道を代表する技法の１つであり、初心者の方はもちろん高段者にもしっかりとおさえていただきたい技です。

■半身半立ち片手取り四方投げ　表

6を別角度から見る

自分の中心で受けの手首関節を取る

Ⓐ 受けがつかむと同時に、手刀を立てる。
Ⓑ 腰を上げながら、相手に近い方の足を踏み出す。
Ⓒ もう一方の足を引き付け、次の動作に備える。

1 相対する。
2～3 受けが逆半身で取りの片手をつかむと同時に、取りは手刀を立て、もう一方の手を受けの手首に当てる。
4～6 受けに近い方の膝から膝行で入身をし、自分の中心で手刀を振りかぶる。
7～8 体の向きを変え、両手で受けの小手を制する。
9～10 斬り下すように投げる。

2～6を別角度から見る

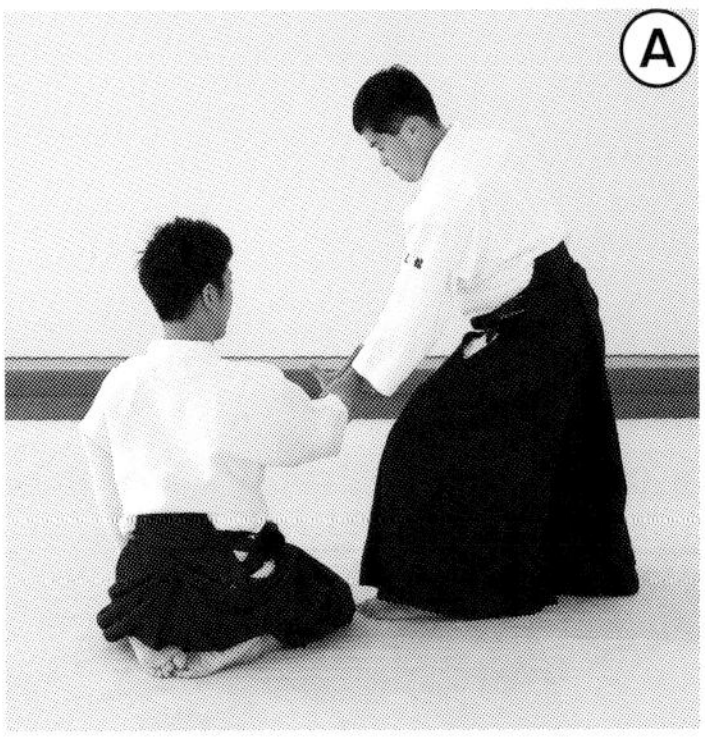

■半身半立ち片手取り四方投げ　裏

1 相対する。

2 受けは取りの手首を側面からつかむ。

3～5 取りは膝を受けの側面に進め転換し、手刀を立てる。

6～7 両手で振りかぶりながら体の向きを変え、受けの小手を制する。

8～9　斬り下ろすように投げる。

6を別角度から見る

相手に近い方の膝を立てると同時に、両手を振りかぶる。

4〜5を別角度から見る

Ⓐ 受けの側面へ踏み出す。
Ⓑ 転換をした時は、両手を腹の前に置き中心を意識する。

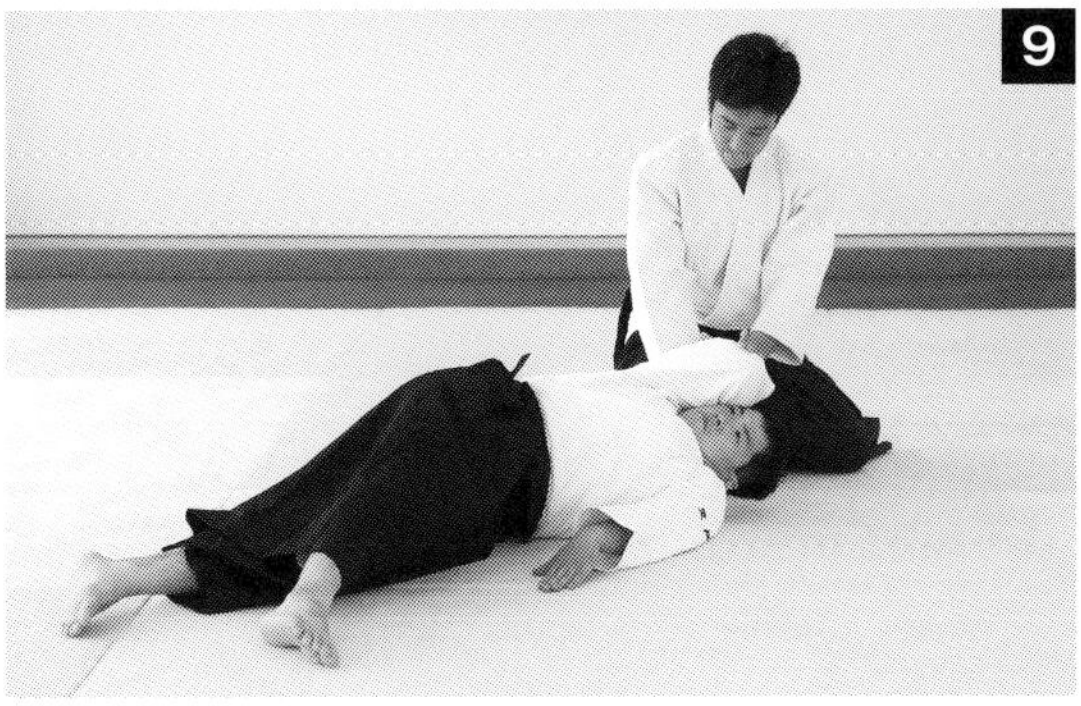

4〜5を別角度から見る

Ⓒ〜Ⓔ 踏み出した足の膝を軸に転換をする。

第5回

戦後の合気道を語る

【語り】菅沼守人
合気道祥平塾道場長

今や世界140の国と地域にまで広がる合気道だが、
今に至るまでの道のりは
決して容易《たやす》いものではなかった。
そこには先達《せんだつ》の並々なら努力と強靱な意思があった。
終戦後の混乱期を乗り越え、
世界へ普及していった合気道の歴史を、
長年にわたり合気道を支え、
今なお指導を続ける師範の方々に聞く。
今回は､大学卒業と同時に
内弟子として合気道本部道場に入門し
開祖植芝盛平翁、
そして吉祥丸二代道主より
直々に合気道を学んだ菅沼守人師範に
その半生とともに
戦後の合気道を語っていただく。

平成31・令和元（2019）年、ノルウェーに指導に行った時に見せられた菅沼師範のお優しい表情。この年、菅沼師範は合気道祥平塾の支部があるノルウェーをはじめ中国、カナダ、ハワイ、ドイツ、スイスの6か国へ指導に訪れた

菅沼守人（すがぬま　もりと）
昭和17（1942）年生まれ、福島県会津出身。高校時代に棒高跳びの選手として活躍し、オリンピックを目指して順天堂大学体育学部に入学するが、身体を痛め選手生活を終える。昭和38（1963）年、亜細亜大学に入学し、合気道部に入部。昭和42（1967）年に大学卒業後、合気道本部道場へ内弟子として入門。昭和45（1970）年に合気道師範として九州に派遣される。昭和52（1977）年、九州博多に合気道祥平塾を開設後、九州の地を中心に合気道の普及に努める。

入門直後の昭和42、3年頃、本部道場の諸先輩方と年末に忘年会を兼ねた旅行に行った際の写真。2列目の中央が菅沼師範

身体を痛め、棒高跳びから合気道へ
――大学卒業と同時に内弟子として入門

小さい頃から、映画で見た柔道家「姿三四郎」への憧れがありました。自分自身が小柄だったものですから、小さな体軀で自分よりも大柄な相手を次々と倒していく彼に、自分を重ねたのかもしれませんね。姿三四郎が、自分と同じ福島の会津出身というのも大きかったような気がします。そんな憧れもあって、中学から町の警察道場で柔道を習うようになりました。

その中学1年か2年の時、たまたま目にした雑誌で、開祖植芝盛平大先生を取材した記事を読んだのが、合気道を知る最初のきっかけでした。細かな内容は覚えていませんが、ものすごい達人がいて、面白そうな武道があるのだなと思いました。もっともその時はまだ、のちに自分が生涯をかけて取り組むことになるとは思ってもみませんでしたが。

高校進学と同時に棒高跳びの選手になり、その縁で順天堂大学の体育学部に進学したのですが、身体を痛め競技が続けられなくなってしまいました。目標を失ったため、改めて勉強をして亜細亜大学に入り直すのですが、亜大合気道部の練習を目にする機会があり「やってみよう」と思い立ちました。怪我の功名、と言っていいのかわかりませんが、今にして思い返すと、挫折が合気道への道を開いてくれたわけですね。

部員40名ほどの亜大合気道部には、本部道場から毎週田村信喜師範が指導にいらっしゃっていました。私は身長165センチくらい、体重は60キロ弱と小柄でしたが、田村先生もほぼ同じような体格でいらしたので、自分の中で目標になりました。

大学の4年間は、朝稽古を大学で、夕方の稽古を本部道場で、という形で過ぎていきました。ここで基礎をしっかりと固めて昭和42（1967）年、大学の卒業と同時に本部道場に内弟子として入門しました。田村師範はすでに渡仏されていて不在でしたが、大澤喜三郎先生に間に入っていただいて、吉祥丸先生から入門許可をいただきました。同期には遠藤征四郎先生がいます。海外展開へ大きく舵を切った時期でもあり、田村先生に加え、山田嘉光先生、金井満也先生、菅野誠一先生、千葉和雄先生といった先輩方が次々と派遣されていました。

数え切れないほどのことを教示
開祖入神までの2年間

開祖が亡くなられた昭和44年に本部道場3階で撮影された。当時、開祖は来客があると、道着に着替え、演武を見せられていた。左から、藤田昌武師範、開祖、山下清福岡支部長（当時）、菅沼師範

私が内弟子になった年の3月はちょうど本部道場が建て替えに差し掛かるところで、大先生は84歳。そこから亡くなるまでの2年間、お側でご指導いただきました。独特の雰囲気をお持ちで、道場に出てこられると、それだけで場がピンと張り詰める、オーラのようなものを感じました。

建て替えということで、私を含め内弟子勢は近くに部屋を借りて通いました。大先生が本部にいらっしゃる時は旧道場の事務室で寝起きされていました。大先生がお休みになる前に、全身を私がお揉みすることが多かったので、朝稽古から就寝時までずっと一緒でした。大先生からは、合気道の話のみならず、古事記や塚原卜伝、宮本武蔵など歴史上の剣豪の話をよくしていただいたことも思い出されます。

大先生の外出の際にはよくお供をしましたが、とても歩くのが早かった印象があります。私を置いて、どんどん先へ進んでしまわれることがよくありましたね。内弟子になったばかりの頃、岩間へご一緒した時に、電車があまりに混んでいて大先生を見失い、本部道場で雷をおとされたこともあります。

とにかく時間に厳しかったことも覚えています。「常に1つ前の電車に乗るつもりでいなさい」とおっしゃっていました。途中で何が起きるかわからないから、必ず時間の余裕を持って行動せねばならないとい

昭和42、3年頃の現本部道場入口前にて撮影。海外から稽古に来ていた外国人（左）の希望で撮られた写真。左から2人目は同じく稽古に来ていた日本人の宮田さん。右が菅沼師範

うわけです。これはずっと教訓にしています。

当時の大先生は齢こそ80を超えていらっしゃいましたが、呼吸法の稽古の時など、軽く抑えられただけで全く動けなくなりました。その場その場で身体を自由に使い、吸い込まれるように投げられる時もあれば、がっちりと極められる時もありました。すべてが圧倒的でしたが、少しでもその境地に近づきたい、という一心で稽古していました。

大先生からは数え切れないほどの教えをいただきましたが、お言葉で一番印象に残っているのが、「中庸」です。合気道は右に偏せず、左に偏せず、中庸を大事にする武道です。稽古でも、強烈に叩きつけるなど怪我をするような投げ方ではいけません。かといって、あまり柔らかすぎる稽古では鍛錬になりません。ちょうどいい加減、中庸を大事にするということを万事徹底しなさいと。

例えば「お茶の出し方」にしても中庸であれ、というわけです。熱すぎても、ぬるすぎてもいけない。濃すぎても、薄すぎてもいけない。多すぎても、少なすぎてもいけない。「ちょうどいい」のがちょうどいいんだと、大先生は常におっしゃっていました。私も常に、「中庸」を心がけるようにしています。

岩間に向かう上野駅にて。入門当時、若手の内弟子は菅沼師範しかおらず、開祖がお出かけする際のお供は必ず菅沼師範だった

そうして昭和42（1967）年のうちに、本部道場の改築が完了しました。新しくなった大先生のお部屋には御神殿が配されていて、稽古の前には必ず祝詞を上げてから道場に向かわれていました。

大先生はとても柔らかい筋肉をされていて、実際に私が体を揉んだ際にもその柔らかさに驚いたものでした。合気道独特の運動である舟漕ぎ運動も大変柔軟な動きをされていました。舟漕ぎ運動は、手、腰、脚を連動させた動きで、合気道で求められる統一体を作るのにも優れた技法になっています。この運動は一般の方にもおすすめしています。とてもいい準備運動になります。

大先生は、非常にしなやかに、無駄のない動きをされていました。それでいながら、実に素早い所作も併せ持っていらっしゃる。体捌きの時なども全身が瞬時に動いていました。杖や剣、扇子を使った時もそうでした。

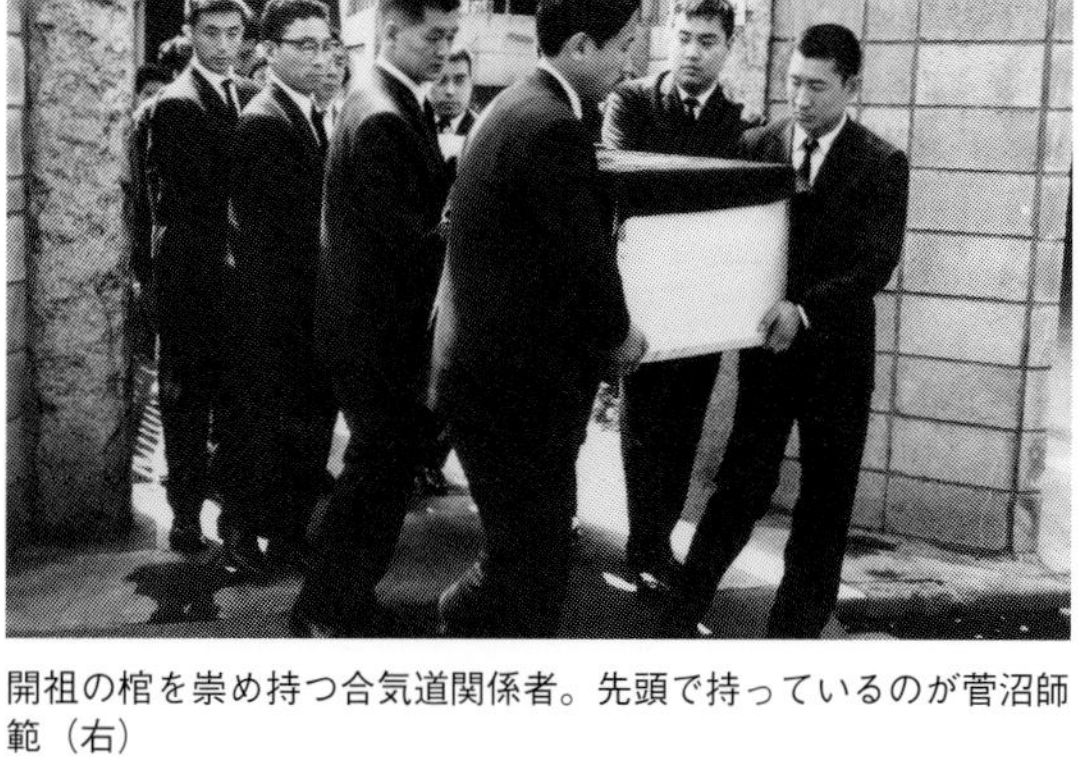
開祖の棺を崇め持つ合気道関係者。先頭で持っているのが菅沼師範（右）

指導者不在の九州に派遣
——本部道場要請で海外指導も続く

昭和44（1969）年に大先生が亡くなられたあと、道統を吉祥丸先生が継がれました。合気会全体にも変化があり、九州で合気会の指導者が不在になってしまったため、代わりが必要になりました。そこで私に白羽の矢が立ったのです。

昭和45（1970）年、合気道師範として九州に派遣されました。27歳の時です。元々が東北の人間です

昭和49年4月、ニューヨーク合気会創立10周年記念行事に招聘されて二代道主は菅沼師範を帯同し、ニューヨークを皮切りにボストン、アトランタ、シカゴ、ロサンゼルス、サンフランシスコ、ホノルル各地の合気会を歴訪した。写真は左から金井満也師範、二代道主、山田嘉光師範、菅沼師範

昭和50年11月1日、スペインのマドリードでヨーロッパ各国合気会代表によって、国際合気道連盟結成準備委員会が発足した。その総会に二代道主は出席。植芝守央氏（左）、菅沼師範（右）が同行した。その前後、10月12日〜11月5日、ヨーロッパ11か国の合気会を回り、講習会、演武会を行った

から、九州は縁もゆかりもありません。当然、親類や知人もおらず、とても不安でした。

　まだ自前の道場もなく最初は博多水上警察署の道場で稽古をしていました。現地に赴く前には、「博多の人は熱しやすく冷めやすい」とさんざん聞かされていましたが、そんなことはなく皆懸命に手伝ってくれました。当時の方々は今も多く残って、例えば宮崎の野中日文先生、長崎の近藤正人先生、熊本の本田宏一先生など指導的立場に立っておられます。

　また、当時本部道場長代行でのちに本部道場長を11年間務められた大澤喜三郎先生にも大変お世話になりました。私は父が戦死しているのですが何かの時に「お前の親父になってあげようかね」と言われました。その一言はとてもうれしかったですね。ただ、とても厳しい方でもあり、合気道発展への貢献は大変大きかったと思います。

　九州に来られた時には「有縁即住《ゆうえんそくじゅう》無縁去《むえんきょ》」と書かれた色紙をいただきました。「縁があったらそこに住みなさい。縁がなくなったら戻ってきなさい」という言葉で、「いつでも戻ってきていいよ」と言う意味が込められています。また「白雲《はくうん》　清風《せいふう》の送るに一任《いちにん》す」という色紙もいただきました。「白雲は風に逆らわないで流れていく。自然の流れに逆らわないで生きていきなさい」という言葉で、「逆らわないで生きていきなさい」と

平成2年頃、祥平塾の演武大会には二代道主が出席。そこで、菅沼師範の禅の師匠であり曹洞宗の管長である梅田信隆禅師を紹介した時の模様

言う意味が込められています。これらの色紙のとおりに生きてきた結果、生涯九州に住むことになります。

そうした周囲の支えもあって、昭和52（1977）年に、合気道祥平塾の開設に至ります。名前は吉祥丸先生からいただきました。「植芝盛平」大先生と二代道主「吉祥丸」先生の一字ずつを頂戴したものになります。吉祥丸先生からは、折に触れて「学生を大事にしなさい」とお言葉をいただいたのを覚えています。先生も大学の合気道部での指導や連携が、合気道そのものの普及や発展に寄与したというご経験があったからかもしれません。

吉祥丸先生のお言葉どおり、西南学院大学、九州大学、福岡大学など福岡の10校ぐらいの大学でも指導にあたり、それらのOB会なども密に協力してくれて、合気道の普及に弾みがつきました。九州各地に支部道場も少しずつ増えていきました。

また、それらと並行して、海外に指導に赴く機会も出てきました。本部道場からの要請で東南アジア諸国を巡回したり、時には吉祥丸先生のお供で台湾やスペイン、スイス、アメリカなどいくつもの国へ出向くこともありました。

吉祥丸先生と最後にお会いしたのは、今も忘れない平成10（1998）年の11月21日。亡くなられる少し前に、病室で少しだけ言葉を交わすことができました。「合気道だけをやって世の中に通用しないようではいけない。いろいろな人と会い、様々なことを学ぶように。人の縁を大切にしなさい」とおっしゃいました。私に対しての遺言だったのかもしれませんね。

合気道は「自分を直していく」
――合気道に触れ、世の中が良くなる

九州での合気道は、周囲のサポートにも支えられ、福岡を拠点に全域へ支部道場が広がっています。福岡市には7か所の直轄道場を構え、海外支部も誕生しました。現在支部は110か所くらい、門下生は5000人を超えるまでになっています。海外は、東南アジアを皮切りに、およそ10か国ほどに道場を展開している状況です。

もっとも、ただ人数が増えたり、規模が大きくなるだけでは本当の「発展」とは言えません。大先生の語録集「合気道神髄」にも記述がありますが、合気道は「人を直す」武道ではなく「自分を直していく」武道です。合気道を通じて自分と向き合い、より良い方向へ進んでいく人間を一人でも増やすことができれば、結果的に世の中も良くなっていくはずです。海外でもそれは変わりません。合気道に触れることで、良い方向に変わる人の輪が広がっていく、それこそが発展なのだと、常に心に留めるようにしています。

私が九州に来てから学んだ禅の教えに「面授面受《めんじゅめんじゅ》」という言葉があります。ものを教える時には必ず一人ひとりに一対一で直接指導をする、ということです。皆それぞれ体格も性格も練度も違うのだから、それに合わせた指導が必要となります。大先生も吉祥丸先生も、常に指導は一対一で直接手をとって応対されていました。誰にも長所がありますから、それをうまく引き出して活かせるようにする。そんな指導を愚直に続けていくことで、門下生一人ひとりに道を示すことにも繋がっていくと思います。

合気道を始めて変わったね、良くなったね、と周囲に認められるような人が増えていってほしいですね。

令和元年の第57回全日本合気道演武大会。菅沼師範は53回連続出場を果たした

師範の横顔 Vol.43

昭和28（1953）年3月14日
秋田県秋田市生まれ
昭和46（1971）年秋田経済大学体育会合気道部に入部、昭和53（1978）年武産塾合気道修練道場師範代になる。
秋田県合気道連盟会長、全日本合気道連盟評議員、東北合気道連盟副会長

秋田県合気道連盟会長

松田健一 七段

技法だけではなく、他者と争わないという理念の意味するところをも稽古から学ぶ

学生時代には、藤平明師範、白田林二郎師範からも指導を受け、横山清一師範と共に岩間道場の齊藤守弘師範に修行に通い、合気道技法の奥深さに触れる。合気道修練道場師範代を務めたあと、現在秋田県合気道連盟会長として合気道の普及、指導者の育成に取り組んでいる。

武産塾合気道修練道場創設時から師範代に

——合気道との出会いをお聞かせください。

松田師範　高校（秋田商業）時代に、東北大学で副将をされた平岡優先生が赴任され、同好会を作られました。興味はありましたが、その時は美術部で商業美術を学んでいました。昭和46（1971）年秋田経済大学（現ノースアジア大学）に入学しサークル紹介の際、体育会合気道部に入部しました。

当時は定期的に教えてくださる指導者はおらず、学生同士で稽古をしたり、当時秋田県支部長をされていた朝倉長太郎先生が設立された秋田県支部道場で社会人の方々とも稽古していました。そこで現在の武産塾合気道修練道場の横山清一道場長にお会いしました。

また、1年生の頃は演武会や合宿の際に本部道場より、藤平明先生にお出でいただきご指導をいただきました。その後、藤平先生はシカゴに赴かれましたので2年生からは山形の白田林二郎先生からご指導をいただきました。今思えば、錚々たる先生方に教えていただきました。

——それから今まで続けてこられましたが、合気道のどこに魅力を感じられたのでしょうか。

松田師範　1年生の頃は合気道の平和や人類愛を求める理念など知らずただ強くなりたいと思い稽古をしていたのですが、白田先生と出会い、白田先生の開祖植芝盛平翁に対する尊敬の念や、道歌の中に込められた意味を教えていただき、できるかぎり自分の修行として続けていこうと思いました。

——横山清一道場長について、お聞かせください。

松田師範　横山清一先生は私にとって正に兄であり師匠でもあります。横山先生とはさきほどお話したとおり秋田県支部道場で出会いました。我々学生の合宿にも参加してくださり、個人的な付き合いも強くなっていきました。私は昭和50（1975）年に大学卒業後も支部道場に通っていました。

そして横山先生が昭和53（1978）年に武産塾合気道修練道場を創設された時から道場に通わせていただき、岩間道場の齊藤守弘先生の元へも共に修行に通い、剣杖をはじめ合気道技法の奥深さに触れることができました。

——指導を始められたのは、いつごろからでしょうか。

松田師範　大学卒業の昭和50（1975）年ころ秋田大学に合気道部が

設立され、コーチの肩書で週に何度か指導と共に部員と稽古していました。同大学には白田先生が師範として年に数回指導されていました。

武産塾合気道修練道場ができてからは、道場において師範代をさせていただきました。しかし残念ながら、今は仕事が忙しく同道場での指導はしていません。

同道場は従来どおり、大人を月・水・金、少年部を水・金に指導が行われており、もっぱら横山先生がご指導なさいます。少年部は女子の指導員がアシスタントしています。

仕事が休みの毎週日曜日の夕方5時～7時に自宅近くのコミュニティセンターで剣杖の武器技の指導を、主に秋田県合気道連盟に加盟している11団体の指導者を対象に行っています。オープンなスタイルにしており、指導者でなくても習いたいという人は参加できます。

指導をするということは、二度教わること

——指導の根幹としているところは何でしょうか。

松田師範　指導に際しては開祖が残してくださいました合気道を、技法だけではなく、合気道の他者と争わないという理念の意味するところをも次の世代に残していきたいと思い、わかりやすい言葉で丁寧に技法の機微を説明するよう心がけています。技には理合いがあるので投げる時、固める時、力でねじ伏せるのではなく呼吸を合わせ導かなければ正しい合気の技にはなりません。

——合気道を続けてきて、また指導をしていて良かったと思うことは何ですか。

松田師範　合気道は生活の一部であり合気道抜きの生活は想像することができません。あえて良かったことと言えば、合気道を通じ先輩後輩などいろいろな方たちと巡り会えたことでしょう。

指導をするということは、二度教わることだと申します。自分がその技法を正しく理解できていなければ教えることはできません。師匠からその技を教わった際に師匠がおっしゃった言葉や、その時の姿を思い出しそのままを伝えることで私自身の技法に対する理解が深まることだと思います。

——今後の抱負をお聞かせください。

松田師範　秋田県合気道連盟の会長としての抱負は、秋田県内には稽古をする場のない市がまだいくつかあります。そこで現在活動している道場のサテライト的な場を作り学生をはじめとして若い人たちが入門しやすい環境を作っていきたいと思います。

少子高齢化が問題となっている昨今、秋田県は国内でも最もその現象が進んでいる地域です。そのことと直接関連があるかはわかりませんが、秋田大学もノースアジア大学も部員数が減少し、共に廃部となり非常に残念に思っています。大学や高校に同好会部活が復活できればと考えています。

現在は武産塾合気道修練道場に秋田大学2年生が1名稽古に来ており、彼が核になり大学の中で会員の募集などをしています。

個人的には、合気道をもっと知りたいと思っている海外の方々と稽古をしてみたいと思っています。仕事の後継者の目処もついているので、来年あたり計画を進められればと思っています。

稽古会での指導風景

合気道人生 53

「言い訳一切無用」「決してあきらめるな」を座右の銘に

29歳で合気道を始めて43年
初段取得後に、勤務先に合気道部創部
転勤を繰り返しながらも
姫路市合気会を創立し、
目標の10か所の道場創設を達成
「言い訳一切無用」を
座右の銘とする人生を語ってもらう

兵庫合気会会長 **山田芳郎**

プロフィール

昭和23(1948)年3月23日
兵庫県宍粟郡神野村杉ケ瀬
(現宍粟市山崎町杉ケ瀬)生まれ
兵庫合気会会長
合気道兵庫県連盟理事
姫路市合気道連盟顧問
関西地区合気道合同研鑽会旧世話人
姫路市体育協会より体育功労賞受賞
兵庫県体育協会より体育功労賞受賞
合気道七段

入門の頃

昭和41（1966）年4月に出光興産（株）へ入社し、山口県徳山市（現周南市）にある、出光石油化学（株）徳山工場での勤務当時は、登山、ラリー・ジムカーナ（日本自動車連盟公認競技）、弓道（弐段：全日本弓道連盟）をしていましたが、動きのある武道を稽古しようと探していた時に、同期入社の友人が合気道を稽古しており、勧められて山口県支部（現山口合気会 会長 中村克也師範）徳山道場（岡田至弘道場長）へ体験に行った日が、副支部長岡田元昭師範の指導日でした。技を見て実際にやってみると、持たれた手を見たように動かすことができず、受けの人に教えられてもまともに決められず、こんなに動けないのであれば、稽古を継続し身体で覚えるしかないと考えて入門したのは、昭和52（1977）年6月の29歳の時でした。

合気道の稽古を毎週4日ほど続け、ラリー等にも出場していると、家にいる時間が少ないので、稽古のある日は子供2人を風呂に入れてから道場に行き、帰宅後に汗を流す生活を続けました。

中村克也師範からは、稽古の時に「言い訳一切無用」と叱咤され、「決してあきらめるな」と激励されたことを忘れることがなく、今では自分自身の座右の銘としています。中村先生には村重有相先生から伝わる技を厳しく教えていただきましたが、それと同等に大切な、気を練り心を磨くことを教わることができて感謝しています。

初段取得後に、会社の道友と協力して「出光合気道部」を昭和53（1978）年11月に創部したことを楽しく思い出しますが、転勤する部員が多く継続していないのが残念です。同じ頃に息子が「お父さんと合気道がしたい」と、6歳で合気道に入門し親子で稽古ができたのも嬉しい思い出です。

最初の転勤

参段を取得後、昭和59（1984）年4月に千葉県袖ヶ浦市への転勤が決まり、転勤後すぐに徳山時代の合気道部の仲間と稽古を始めました。ところがお互いの勤務場所や時間等が違い、思うように稽古できないこともあり、勤務先に近い会社の体育館に畳を10畳ほど敷いて息子（中学生）娘（小学生）の3人での稽古や、職場の後輩に合気道を勧めて2人で稽古したり、他の武道をしていた

昭和55年6月に柳井市武道館で開催された第9回山口県支部演武大会。前列右から4人目が植芝吉祥丸二代道主、8人目が中村克也師範、2列目左から2人目が筆者、3列目左から6人目が岡田元昭師範

同僚と、それぞれの技を自由に使う稽古をした時は、喧嘩にならないように時間は1分程度に限定していました。

その後は出張が多くなり、稽古を思うようにできない日々が続き、3年後の昭和62（1987）年4月には兵庫県姫路市へ転勤が決まりました。

姫路市合気会の創立

転勤後、すぐに稽古場所を探したのですが、姫路市には合気会の道場がありませんでした。幸い会社の体育館に誰も使っておらず、埃だらけの柔道場があったので、掃除が大変でしたが綺麗にして一人稽古を始めると同時に、中村克也師範へ姫路市の近隣に、ご存知の道場はありませんかと伺ったところ、自分で始めてはどうかと、話されたことが道場開設を決心するきっかけとなったのです。

まずは、姫路市合気会を昭和62（1987）年10月に創立し、道場を探すために市役所の体育振興課や体育施設を訪れたり、地元の人に聞いたりとしているうちに、姫路市スポーツ会館の柔道場を借りられることがわかりました。そこで市内各所にポスターを貼らせてもらったり、各新聞社支局へ稽古開始の案内文書を掲載してほしいとお願いに回りました。会員募集のための準備に日数が掛かったので、稽古開始は翌年の63（1988）年2月とし、道場を開くにあたって10年間で10か所の道場を創設することを目標にしました。

2月1日の稽古初日には大人と子供を合わせて10人が集まり、合気道の説明や受身と基本技を教えて稽古が始まったのです。それからは、中村克也師範に来姫いただいて、講習会・昇級審査会を開催するとともに、山口県柳井市での指導員講習会にも出席し自分自身の技の向上に努めました。

平成3（1991）年1月に姫路市スポーツ振興財団（現姫路市まちづくり振興機構）から依頼があり、姫路市合気道教室を開講して指導を始め現在まで継続しています。同年4月には姫路市合気道連盟を結成し、同年11月には姫路市合気会第1回合気道演武大会を開催しました。

平成4（1992）年3月には初めての昇段審査があり、初段の合格者が出たのも嬉しい思い出です。同年4月に姫路市体育協会へ加盟することもできました。

そのような活動を続けている平成5（1993）年7月に、千葉県九十九里町にある関連会社工場への単身赴任が決まったので、指導員に私の不在時の指導を頼み、会員には毎月2回は指導に帰ると約

6歳で合気道に入門した息子さんとの親子稽古

束して千葉に向かったのです。

指導のため月2回の帰姫

ここでも転勤後すぐに、北総合気会山田博信師範の山武道場へ伺って稽古を始め、市原道場、成田道場、富里道場、八街道場でも指導していただきながら、週に5日ほど稽古していました。同会のシンガポールとマレーシアへの海外合宿にも参加させていただき、多田宏本部師範の特別講習会にも本部道場や、成田、八街などの道場で開催されるごとに参加することができましたので感謝しています。

北総合気会各道場で稽古を継続しながら、会員と約束した毎月2回は姫路での稽古指導に帰り、錬成大会等の年間行事を指導員に協力してもらい開催することができました。

このように姫路へ帰ることを毎年繰り返していたところ、平成7（1995）年1月17日の阪神・淡路大震災当日、午前6時頃は地震の詳しい状況がわからないため、姫路市体育協会理事会への出席と稽古指導に帰ろうと、総武本線の成東駅から東京駅までは行きましたが、震災の大きさや新幹線の運転状況がわかると、帰ることができずに、中村師範に言われた「決してあきらめるな」を守ることができませんでした。

約束している月に2回帰ることを実行するため、JRで帰る方法を調べると、成東駅を20時頃の特急で東京に行き、東京発23時過ぎの寝台特急［出雲］に乗車して、翌日5時頃に京都府福知山駅で下車、山陰本線で兵庫県和田山駅まで移動し、6時過ぎの播但線の普通列車に乗車すると、8時頃に姫路まで帰れることがわかりました。早速、翌週の金曜日に帰り、それから月に2回、同じ路線で往復し片道12時間の旅を繰り返しましたが、帰路は月曜の朝遅くに成東駅着なので、仕事は昼から出勤していました。

山陽本線が復旧してくると神戸市内をバスで移動し、再び山陽本線に乗車して姫路まで帰れるようになり、時間的に楽になってきましたが、新幹線が完全復旧して姫路へ帰れるようになるまでには、日数もかなりかかりました。

平成7（1995）年4月に家族が引っ越してきたので、千葉県東金市に住みましたが、月2回の姫路への指導には再び転勤するまでの、約2年間は休むことなく続けました。

再度の姫路転勤

千葉県九十九里町の工場で4年間を勤務して、平成9（1997）年7月に嬉しい姫路への転勤が叶い、帰って2か月後の9月7日には「姫路市合気会10周年記念演武大会」を当時、本部道場長であられた植芝守央先生にご来姫いただいて開催することができました。同年11月24日には同じく植芝守央先生のご指導による、第1回関西地区合気道合同研鑽会に参加し、同会の世話人としても20年間、活動しております。

その後も兵庫合気会主催の冬季・春季・夏季・秋季の錬成大会や、年2回の昇段級審査会と演武大会を開催し、山口県支部（現山口合気会）演武大会には昭和63（1988）年から毎年参加して、全日本合気道演武大会にも平成13（2001）年から継続して演武させ

姫路道場で行われている少年少女部の稽古。平成元年7月

第34回全日本合気道演武大会での記念写真。前列中央が多田宏師範、左隣が山田博信師範、後列左から2人目が筆者。平成8年5月

平成3年2月に行われた冬季錬成大会での師範稽古。左が岡田元昭師範、受けが筆者

ていただいています。また、合気道の交流で縁の繋がった、多くの先生が主催される演武大会や稽古会にも参加しています。

平成13（2001）年3月をもって、会社の早期勇退制度を利用して、53歳で勇退（出光では退職はなく勇退）しました。勇退後にハローワークで仕事を探しましたが、年配者で17時過ぎれば、稽古があるので仕事しないといった、条件で雇ってもらえる会社もなく、現在まで合気道一筋で通しています。

合気道兵庫県連盟には平成14（2002）年9月の創設時から加盟しており、理事長を務めていた時に、兵庫県体育協会へ加盟できたことは、嬉しい思い出となっています。

また、念願の10年で10道場開設の目標は、昭和63（1988）年2月の稽古開始から13年かかりましたが、姫路市・加古川市・たつの市・相生市・赤穂市と各市の道場を合わせて10道場を開設できましたので、平成14（2002）年に姫路市合気会の上部組織として「兵庫合気会」を創立しています。

平成19（2007）年10月21日に、姫路市合気会20周年記念演武大会を開催した時には、道主植芝守央先生ご夫妻と、当時、本部道場長代行の植芝充央先生にご来姫いただいております。

10年後の、平成29（2017）年10月22日には兵庫合気会30周年記念演武大会を、本部道場長の植芝充央先生にご来姫いただいて、台風直下の中で強行して開催したことは、強烈な思い出として残っています。植芝充央先生が乗車された新幹線が東京への最後の列車となり、参加していただいた先生や団体の皆様には、在来線が不通で新幹線や私鉄の山陽電車を利用して帰宅され、ご迷惑をおかけしたことを今でも申し訳なく思っています。

これから先は

現在、7か所の道場で道場長と指導員にて稽古の指導ができる体制を築けているので、あと3道場も早いうちに指導体制を確立させて、後進に任せることが私の務めだと考えています。

平成20（2008）年から平成30（2018）年までは年間平均して274日の稽古を継続しており、月曜日の姫路道場と火曜日の姫路北道場では、両日ともに子供・一般と合わせて2時間の稽古、水曜日のたつの市新宮道場では子供・一般で1時間の稽古、加古川道場で指導する時は子供・一般で2時間の稽古、木曜日の赤穂道場は少年部・一般で1時間半の稽古、金曜日の姫路市合気道教室は子供・一般で1時間半の稽古、土曜日の午後はカルチャーセンターで子供と1時間の稽古、19時から姫路道場で一般1時間半の稽古、同じく土曜の月1回は県立武道館合気道教室で子供・一般で1時間半の稽古、日曜日は相生道場で月1回ほど少年部・一般で1時間半の稽古と、各市の道場を指導巡回していますので、愛車の走行距離も18万5千㎞を超えております。

また、日曜日は先述しました多くの合気道行事に参加していますが、年齢を考えてあまり無理をせず、自分自身の心と技を磨き上げるべく、前向きに倒れるまでは、楽しみながら稽古を継続して、（公財）合気会合気道本部道場に連綿と伝わっている、正統の合気道を会員に伝え、姫路市を中心として普及させるように尽力いたします。

上／平成9年9月開催されて姫路市合気会10周年記念演武大会・第50回姫路市民体育大会・第6回合氣道演武大会で行われた筆者の演武。
下／演武大会の合間に訪れた姫路城。左から植芝守央道主、中村克也師範、筆者

部活動レポート5

二松学舎大学附属高等学校

『論語』の教えは合気道の矜持を作る

「合気道部があるから入学した」まさに名門、名物クラブとなった二松学舎大学附属高等学校合気道部

北に数分歩けば靖国神社があり、東に東京の桜名所として知られる千鳥ヶ淵を挟み、武道の殿堂・日本武道館をのぞむ地。二松学舎大学附属高等学校合気道部はまさに日本の中心である皇居に抱かれ、勉学に勤しみ、武道の精神を鍛錬している。

本部道場日野指導員の指導を受けるのは週１回のみのため、日野指導員の手本を見る目は真剣。大学の道場を借りて存分に修練

学校が掲げる人間育成に合気道の精神が宿る

生徒たちは緑豊かな皇居、日本武道館、そして靖国神社を眺めながら通学し、歴史の深さを感じる。全国でも名高い東京の地「九段」に彼らの学び舎がある。周辺には二松学舎大学、イタリア文化会館、イギリス大使館が居を構え、都心とは思えない静粛な雰囲気が漂う。

二松学舎大学は創立１４２年を迎え、附属高等学校は開校71年。創立者の三島中洲氏は法律家であると共に漢学者であり、東洋の精神に基づく人格教育を求め、自国を正しく理解し、母国語を正しく表現できる真の国際人の育成を目指した。「仁愛・正義・弘毅・誠実」を校訓として掲げる。

都心の真只中の高校である。決して広くはない校舎だが、現在９０３名の生徒が集う。野球部が東京では強豪と知られ、ダンス部の活躍も広く知られている。そして合気道部も二松学舎大学附属高等学校にとって、決して欠かすことのできない部活動なのだ。

部員は現在31名。19名が男子、12名が女子。練習は週に3日、2時間みっちり行う。毎週木曜日には日野皓正本部道場指導部指導員が指導に来る。高校に練習場所もあるが、大学の武道場を練習場所として拝借する場合が多いとのこと。歩道橋を渡れば大学にたどり着く、うってつけの環境だが、高校としてもう少し皆が存分に練習ができる施設に建て替えたい、というのが目下の懸案だという。都心に居を構える高校ならではの悩みかもしれない。

高等学校と大学との共存から他にない部活動部員として成長

実は二松学舎大学附属高等学校の合気道部が、どんな経緯でいつ生まれたのか、そうした歴史資料が存在していない。しかし最初は高等学校の生徒が合気道部を始め、卒業後に二松学舎大学で合気道部を作ったのが経緯とのこ

日野指導員の指導日。2時間の練習時間を熱心にこなした部員たち。すがすがしい顔が印象的だった

と。高校の創立は戦後ではあるが、創立後10年に満たない時期に合気道部が作られた。つまり60年以上の歴史を誇るのだ。

文字どおり同校の名物クラブであり、「二松学舎で合気道を修得したい」という目的で同校に入ってくる生徒も多いという。多くの生徒が高校から合気道を始めるようだが、中には中学、それ以前に合気道の道に挑んでいる生徒もいるとのこと。合気道の「戦わずして勝つ」という自分自身を鍛錬する精神に憧れて、合気の世界に入ってくる生徒が多いという。

本城学校長は合気道部の印象を評する。「合気道部の生徒を見ていると、次第に芯がしっかりとしてくるというか、背骨がピッとしてくるような感じを受けますね。これこそ我が校の建学の精神の表われでもあります」

日野指導員の指導方針は「毎年元気な生徒が入ってきて熱心に修練しています。特にカリキュラムを作ってはいませんが、強いて言えば新入生が入る春は基礎を入念に指導しています」

日野指導員の来ない日は上級生やコーチが指導するわけだが、この時も合気道の精神性が見事に受け継がれ、名門クラブとしての存在を大事にしている。

顧問の秋葉一之先生は高校と大学の共存の利点をアピールする。「高校生という年代ではなかなか味わえない、大学生からの指導や合同合宿などから、一歩進んだ合気道の精神を学んでいると思います。合宿などを経験すると下級生は見違えるように成長するのがわかります」

高校校舎から道を隔てて大学が存在し、共に合気道の精神、技を鍛錬している二松学舎大学附属高等学校合気道部。男子部員、女子部員も仲良く、お互いが切磋琢磨する、伝統の部活動。二松学舎の建学の精神が隅々まで行きわたり、実践されている高校合気道部である。

顧問：秋葉一之（数学教諭）

やはり合気道部には他の部活動にはない伝統がありますから、その伝統を大事にしたいですね。大学の合気道部に指導やアドバイスをもらい、独自の進化をしてきたのだと思います。

主将：金子晃大（2年生）

合気道は小学6年生からやっていて、合気道を極めたくて二松学舎に入りました。合気道に触れ、礼儀作法を覚え、様々な出会いを生み出してくれました。合気道部ではみんなで教え合い、チームワークを大事にしています。

副主将：梅木のどか（2年生）

中学時代にバレーボールをやっていたのですが、勝負の結果に疲れ、みんなで平等にやりたくなりました。そんな時に合気道を知り、やってみました。合気道に触れ、気持ちがきちんとし、自分でも変わってきたと思います。

時にOB（3年生）が練習に参加。顧問の先生や指導者がいない場合は皆で練習を行う。

学校の声

二松学舎大学附属高等学校
本城　学 校長

二松学舎大学の創立者である三島中洲は建学の精神として「東洋の精神に基づく人格の形成を成し、良い国を作る」としています。この精神育成が合気道の道とつながり、我が校では古くから合気道部が存在します。周知のとおり野球部やダンス部のような競技ではないため、全国的に上位に名前を刻む部活動ではありませんが、建学の精神に基づいた精神性を持つということで、合気道部は我が校にとって大事な存在であり誇りを持っています。

学校授業レポート⑮

茨城県笠間市

笠間市立友部中学校

平成24年度から学校授業における武道必修化に伴い、合気道を採用している学校が増えています。今号は、茨城県笠間市立友部中学校を紹介します。同市岩間は合気道のゆかりの地であり、郷土に誇りを持とうという考えから合気道を授業に取り入れました。実は同市には中学校が6校ありますが、すべての中学校で合気道を授業で行っています。

相手を敬う礼儀や作法、相手や自分を大切に思う感謝の心を合気道から学ぶ

生徒を受けに、技を教える（公財）合気会茨城支部道場の師範

合気道を体験し郷土に誇りを持とう！

笠間市立友部中学校長

西野勝美《にしのかつみ》

「合気道という伝統ある宝物を体験し郷土を愛する心が育つことを期待する」と語る西野校長

「エイッ」と明るい声が中学校の武道場に響き渡る、生徒たちの表情は真剣な中にも優しさがあふれている、男女とも本校では保健体育の武道の授業に合気道を取り入れています。

笠間市には中学校が本校を含めて6校ありますが、全中学校で合気道を授業で行っています。以前は、それぞれ柔道や剣道を行っていました。しかし、笠間市の岩間が合気道のゆかりの地とされていることを理解し、自分たちの郷土に誇りを持とうという考えから合気道を授業に取り入れることにしました。

指導は、岩間の（公財）合気会茨城支部道場の師範の方々を中心に外国から修行にいらしている外国人の方々にもお願いしています。それに保健体育の教員が加わり、チームとして生徒の指導に当たっています。

合気道は勝ち負けや相手を投げ飛ばしたりすることだけを目的としてはいないので、中学生は合気道を通して相手を敬う礼儀や作法、相手のことを考えて技をかけるという思いやりの心、そして、相手や自分を大切に思う感謝の心を学んでいます。

また同時に、自分の身は自分で守るという護身としての心や技を習得できるし、強く投げたり倒したりしないので怪我もほとんどない。そして授業そのものも稽古着を用意しなくても体操着でできるため、保護者の負担もないというように多くの利

点があります。

さらに、先に述べたように茨城支部道場では一年を通して世界中から外国人が修行に来ているので、その方々とコミュニケーションを図れることも中学生にとっては良い機会となっています。

昨年、茨城国体のデモンストレーションとして合気道演武大会が笠間市岩間で開催されました。本市の中学生も参加しました。生徒たちには、合気道という伝統ある宝物を体験し理解することで郷土を愛する心が育つことを強く期待しています。

相手を尊重する「心」を学ぶ合気道

笠間市立友部中学校
保健体育担当教諭
綿引《わたひき》 聡《さとし》

茨城県笠間市（岩間地区）は合気道ゆかりの地とされており、今年度から市内中学校全校で保健体育の武道として合気道を取り入れている。

「今後は多くのことを学び、しっかり習得しさらに合気道を広めていきたい」という綿引教諭

本校では、本年度より合気道を取り入れ、生徒と共に教員も鍛錬に励んでいる。

授業においては、（公財）合気会茨城支部道場より講師を招き、指導をいただいた。また同道場には稽古のために多くの方が海外から来日しており、その方々がサポートで授業に来るためさまざまな言語に触れるなど、合気道の授業を通して海外交流をすることができた。

授業は8時間扱いとし、受身から始まり、体の変更・正面打ち入身投げ・相半身片手取り第一教・突き小手返し・座技呼吸法の5つの技を習得し、最終となる8時間目で5つの技の演武を行った。

私自身は前任校で合気道の授業を行っており、合気道の授業の経験年数は4年となる。この4年間を振り返り、合気道を通して互いに尊重し合うことの大切さを感じるようになった。合気道は力と力で争うというような場面はないが、一歩間違えれば大きな怪我につながる可能性がある。だからこそ、生徒には相手を尊重するということがどのようなことなのかを再度確認したうえで、授業に取り組ませなくてはいけない。

たとえば、技を掛ける際に手を当てる場所や握り方など正しい方法で

生徒の技を細かく確認し指導

行うことや、相手に合わせて力を加減することなど相手に対してさまざまな配慮が必要となる。また生徒にとっては初めてのことで、気持ちが緩んでしまいがちになるが、初めと終わりの「礼」によってけじめをもたせながら取り組ませることで、安全の確保に大きくつながる。

　このような要点を押さえたうえで、講師の方々の発声に合わせて、受身を取ったり、技を掛けたりしたことで大きな怪我なく授業を実施することができた。生徒の様子を見ると、授業を重ねていくうちに集中力が高まり、わからないことがあればペアで動きを確認したり、講師に質問したりと意欲的に練習に励む様子が見られるようになった。

　合気道を通して身に付けた、「相手を大切にする」という精神が今後の日常生活に役立つことを願いつつ、さらに護身の一つとして活用する場面があった時には、役立つことを期待している。

　また現状として講師の方を招いて授業を行っているが、今後は教員だけでも授業を展開していけるように生徒と共に多くのことを学び、自ら実践することでしっかりと習得しさらに合気道を広めていけるようにしていきたい。

真剣に稽古する中でも、授業は楽しそうだ

茨城支部道場で稽古している外国人も指導に参加

今まで触れてこなかった武道の世界を学んで

笠間市立友部中学校1年生
金沢《かねさわ》真衣《まい》

　初めて体験した合気道は、知らないことが多く、とても新鮮でした。まず挨拶をする時は、正座をして相手の目をしっかり見て「お願いします」や「ありがとうございました」と伝えることを授業で学びました。この言葉は、合気道以外の場面でも多く使うことがあります。相手に向かって何かを依頼する時に「お願いします」、相手に感謝する時に「ありがとうございました」と気持ちを込めて伝えることが大切だと改めて感じることができました。

　挨拶のほかにも、体の変更や相半身片手取り第一教などの5つの技を学びました。リズムに合わせて、一つひとつの動きを丁寧に講師の方に

「合気道を通して学んだことを日常で生かしたい」という金沢さん

教えていただきました。動きを覚えるのは大変でしたが、できるようになってくるとスムーズに技をかけられるようになり、楽しく学習に取り組むことができました。

この合気道を通して学んだことをこれからの日常の場面でも生かしていきたいと思います。

合気道の授業を通して学んだこと

笠間市立友部中学校1年生
宮《みや》川《がわ》陽《はる》充《と》

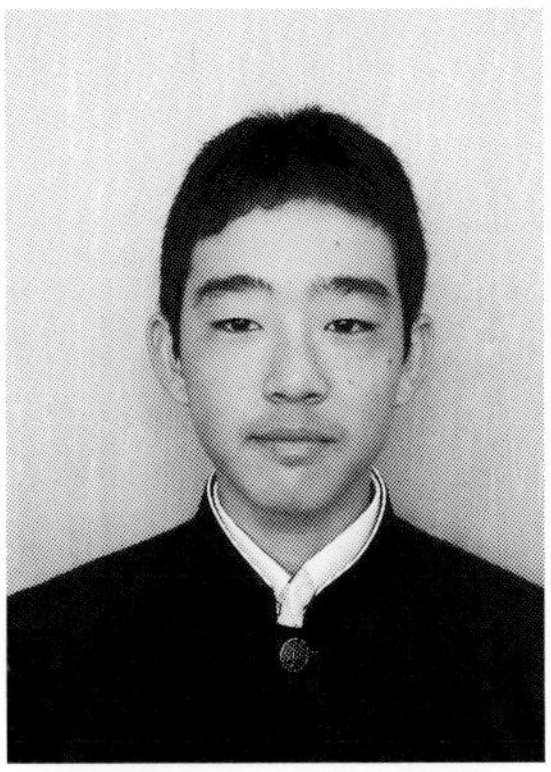

「稽古できる喜びや礼儀、感謝の心を学んだ」という宮川さん

合気道の授業では、まず正座や礼の仕方などについて講師の方に教えていただきました。どのスポーツにおいても、礼儀は相手に敬意を示すものであるため、武道において一番大切なことであると感じました。

次に、受身と5つの技を学びました。受身はしっかりと取ることができると体へのダメージが少なくすることができ、安全を確保できることがわかりました。その後、正面打ち入身投げや突き小手返しなど相手の攻撃に対する応じ方などの技を学ぶことができました。

今回の授業では、茨城支部道場の講師の方々のほかに、アルゼンチンやスウェーデンなど外国の方々からも指導をいただきました。私は合気道が世界的に広がっていることに驚き、また稽古のために来日しているような方を相手に稽古できる喜びや礼儀、感謝の心を持って生活することが大切だということを、合気道を通して学ぶことができました。このような経験ができ、とても良かったです。

師範や教員の手本を見ながら技を進めていく

合気道本部道場 稽古レポート

vol.2 一般クラス

合気道本部道場では、
合気道に親しみたい多くの受講生のために、
多彩な稽古のコースを取り揃えています。
稽古レポートの第2回は、
朝稽古以外の一般クラスについて紹介します。

師範の手本を熱心に見つめたあと、自らの体で再現をしようと稽古に励む稽古生たち

27のクラスから自分に合わせて選べる稽古

合気道本部道場での稽古は、この若松町の地に本部道場が建てられた昭和6（1931）年に、開祖植芝盛平翁による朝稽古から始まった。途中、太平洋戦争の混乱の中で休止せざるを得ない時期があり、復活したのが昭和24（1949）年のこと。この時、朝稽古に加え夕方の稽古も始まった。

その後昭和31（1956）年に、植芝吉祥丸本部道場長（当時）が勤務先を辞めて、本格的に合気道の普及振興に取り組むようになる。ちょうど社会情勢も落ち着き、会員数が増えてきたこともあって、クラスを増設。朝・夕の間の時間帯にも稽古が行われるようになった。これが、現在のような形の一般クラスの始まりである。

現在も、朝稽古は植芝守央道主、あるいは植芝充央本部道場長指導の下に行われているが、それ以外の時間帯は、開祖以来の合気の心を連綿と受け継ぐ本部道場指導部の師範たちによって行われている。

一般クラスの稽古は、月曜日から金曜日は8時～9時、15時～16時、17時半～18時半、19時～20時の4クラス、土曜日にはそれに10時半～11時半を含む5クラスがあり、日曜日は9時～10時と10時半～11時半の2クラス。週に計27クラスもの稽古が用意されているのである。師範たちと共に道主も、金曜日の19時からと日曜日の10時半からの2クラスを自ら指導する。

これだけたくさんのクラスがあれば、稽古生は自分の仕事や家庭の事情に合わせて、無理なく稽古に通うことができる。たとえば、始業時間に間に合うように8時のクラスに参加する会社員や、時間の自由がきいて15時のクラスに参加する人、授業後に17時半から稽古する大学生など、さまざまである。

また稽古歴もさまざまで、最近まで初心者クラスに通っていたような人から、稽古歴40年を超える高段者まで同じ道場に集っている。まさに老若男女、外国人もいる多彩な稽古風景となる。

取材が行われた金曜日は、8時からの稽古は入江嘉信師範が、15時からの稽古は関昭二師範、17時半からは宮本鶴蔵師範が指導に当たっていた。

技量の差が大きい稽古生たちを一度に教えることについてたずねると、やはり、直接指導の時には力を加減したり言葉を重ねて説明したり、稽古歴の浅い参加者には配慮をしているとのこと。ただ、3人の師範が口を揃えていたのは、「初心者でもベテランでも、動きはまったく同じ。ただ、それを深めていく過程が違う」ということだ。

「基本技を中心に稽古を展開しますが、簡単な動きは一つもありません。自分自身も稽古させていただくつもりで、

稽古を見てまわり、丁寧にアドバイスをする入江嘉信師範

手を取り直接指導する関師範（上）と見取りで技を示す宮本師範（左）

できることを正直に伝えていきます」（入江師範）、「器用な人は、動きだけならすぐにできるようになります。ただ、そこから内容を深めていくことが大切です。深めるためには同じ動きをくり返し、考えながら完成度を追求してほしい。そのためには、自分自身が真剣に稽古して、そこから感じ取ってもらうようにしたい」（関師範）と、稽古生一人ひとりとしっかり向き合う姿勢を語ってくれた。

　全27クラスの統一カリキュラムが用意されているわけではなく、稽古内容はそれぞれの師範に任されているので、師範たちの責任感や使命感も相当なものだ。宮本師範は、「自分なりに課題を決めて、その部分を強化するように稽古内容を展開していきます」と言い、その言葉どおりに共通する動きのある技を次々に展開していく稽古を見せてくれた。また、入江師範も稽古ノートをつけていて、それを見返しながら稽古内容を決めていくそうだ。

　どの時間帯のクラスも、稽古生たちの真剣な眼差しは同じだった。師範から少しでも吸収しようという意欲に満ち、一日に複数の稽古に参加する方もいる。

　そんな稽古生たちを、師範たちは「合気道を愛好する仲間」だと捉えている。同じ志を持つ仲間として、一緒に稽古に精進していきたい。師範たちの想いは、稽古を通してしっかりと伝わっているようだ。

稽古生の声

■渡辺　隆さん「若い頃は、吉祥丸先生の朝稽古から始まって、昼にも晩にも稽古に通っていました。合気道歴は45年です。武道が好きだったので本部道場を見学して、そのまますぐに始めました。初めはがむしゃらに相手に向かっていきましたが、体全体を使って受ける動きを覚えてから面白くなりました」

■関　孝雄さん「中断をはさみつつ、合気道歴40年以上。力のぶつかり合いよりも、相手との調和を大切にする武道であることを実感しています。地元の九十九里から本部道場に通うのも大変ですが、できるだけ長く続けたいです」

■木下悦子さん「サイパンの短大で日本語を教えていた30年ほど前に、グアム合気会の峰岸先生と出会ったことがきっかけで合気道を始めました。日々、同じことを稽古していても、学ぶところが違う。毎日が勉強で、いい先生といい稽古仲間にも出会えたので続けているのだと思います」

■ジョン・プレスリーさん「子どもの頃からいろいろな武道を経験し、15歳の時に母国アメリカで合気道に出会いました。合気道のために平成15（2003）年に来日し、仕事と両立しながら週3回本部道場で稽古をしています。合気道の最大の魅力は、試合がないということですね。自分の課題と取り組みながら、相手と切磋琢磨することが素晴らしい。私にも課題はたくさんありますが、続けていくことが最大の課題だと思っています」

■渡邊和子さん「合気道歴19年で、ほとんど毎日8時からの稽古に出ています。朝の稽古は生活のリズムが整い、その日一日充実感を保てるので、気持ちがいいですよ。一般クラスでさまざまなレベルの人と組み合うのは、勉強になります。仲良くなれますし、楽しいです」

■松島裕美さん「週に3～4回稽古していますが、生活にメリハリがつき、仕事へのモチベーションとなるぐらい楽しいです。参段に昇段したばかりで、これからは今までと少し違う『どんな人にでも合わせていける合気道』を目指していきたいと思います」

関　孝雄さん・六段

渡辺　隆さん・七段

ジョン・プレスリーさん・五段

木下悦子さん・六段

松島裕美さん・参段

渡邊和子さん・四段

企業合気道部紹介 第5回

国会合気会

衆議院・参議院・国会議員秘書等、国会に関わる組織の職員たちが在籍する国会合気会。政治の舞台であるがゆえに、活発な広報活動をして会員を集めることもなく、稽古を続けてきた。しかしその歴史は古く、会員たちは長年熱心に修練を続けている。

土曜日の稽古を担当する植芝充央本部道場長の指導も、もう13年になる

日本の政治の舞台の中心で 約55年も受け継がれてきた合気の魂

土曜日の午後に本部道場に集う

12月にしては暖かい土曜日の午後。本部道場4階には、15時から始まる植芝充央本部道場長の稽古に参加しようと、国会合気会の面々が集まっていた。42畳の道場正面の白壁に掲げられた開祖の写真を窓から射し込む冬の陽の光が明るく照らしている。

15時5分前には、本日の参加者である10名の会員たちがきちんと正座をし、稽古の開始を静かに待っていた。そして15時。指導をする本部道場長が入ってくると、さらに会員たちの背筋が伸びる。丁寧に正面に礼、お互いに礼を交わすと、準備体操から、静かに稽古が始まった。

吉祥丸二代道主の指導から始まった

国会合気会の創設時期の記録はないが、昭和36（1961）年国会で合気道演武会を初めて開催してから、しばしば開祖植芝盛平翁は演武を披露していた。昭和40（1965）年2月、ある集会にたまたまおられた植芝吉祥丸道場長（当時）に、海部俊樹元首相が本部道場入門を懇請し、秘書官、新聞記者を含めた数名が入門した。

そんななか、以前より本部道場で稽古をしていた園田直衆議院議員と飯村郁雄本部道場指導部師範らの肝いりで「国会合気会」が創設された。

衆議院の若手議員、議員秘書、国会事務局、新聞記者などが主な会員だったが、参議院、国会図書館職員などにもその輪は広がっていった。

創設当初、指導に当たったのは植芝吉祥丸二代道主。そして植芝守央道主へと指導は引き継がれ、現在土曜日の稽古は本部道場長が担当している。もう一日、水曜日にも稽古があり、菅原繁本部道場指導部師範が指導している。

伝統的に、水曜日には朝稽古を行っている。議員会館の地下には体を動か

稽古は基本的な技から始まって、本部道場長が一つひとつ丁寧に見取で手本を示す。正座をして熱心に見つめる参加者たち

代表　東城あさ氏（六段）に聞く！

国会合気会のまとめ役として奔走

昭和 51（1976）年に、同じ国会で働く友人に誘われて入会しました。先輩方の背中を見ながら稽古をしてきましたが、時が経ち引退される方も多くなり、今は私が代表を務めさせていただいています。約 30 名の会員に連絡を取ったり会費を集めて管理したり、代表の仕事は雑務が中心です。稽古のあとには話が弾む和やかな雰囲気の中で、みんなに助けてもらいながら、なんとか代表をやっています。

まったくの初心者で入会した私も、気づけば 40 年以上も合気道を続けています。合気道の難しさに魅せられて、いくらやっても終わりがないように感じるのです。なるべく長く続けていきたいので、国会合気会にももっと若い職員に参加してもらい、継続的に発展していくことを願っています。

椙澤《ぐみさわ》栄一氏（五段）に聞く！

国会合気会を 35 年間見つめてきた古参会員

仕事をしながら体を動かしたくて、はじめは皇居周辺を走っていたのですが、掲示板の全日本合気道演武大会のポスターを見て、国会合気会に入会しました。昭和 57（1982）年のことです。国会合気会は大々的な会員募集や勧誘を行わないので、今も掲示板の演武会ポスターに追記された連絡先を見て入会する人が多いです。

私は国会図書館の職員でしたが、今は短期大学の学長になり、国会を離れています。そのため議員会館地下の道場で行われる水曜日の朝稽古には参加しにくいのですが、土曜日の本部道場の稽古には参加することができ、ありがたいです。ここに来れば、仲間たちと一緒に鍛錬できます。これからも体が動く限り、合気道の奥の深さに挑戦していきたいと思っています。

手本から吸収し、自分なりに試行錯誤しながら技を実践していく。本部道場長は見回りながら、指導をする

すための施設が並ぶ一画があり、その中の美しく整備された道場で、就業前のひととき汗を流すのである。

菅原師範は、「みなさんお忙しい中、仕事の前に集まって稽古されるのは大変なことだと思います。熱心に取り組んでもらえるのは嬉しいですね」と語る。

2か所の道場で稽古に励む

議員会館内の道場は、議員会館が新しく建て替えられた10年ほど前に造られたもの。建て替え以前の道場では、水曜日の朝稽古だけでなく土曜日にも稽古が行われていた。しかし時代の流れで次第に「土日は休み」が定着していき、新しい議員会館は土曜日に閉館してしまう。そのため土曜日は稽古ができなくなり、代わりに本部道場の4階で稽古するようになったのである。

職場近くで仕事のあとに稽古をする気軽さはなくても、本部道場に会員たちは足を運んでくる。それだけ、本部道場長の稽古を大切に想っているということなのだろう。今日も切れのある指導を受け充実した表情を見せていた。

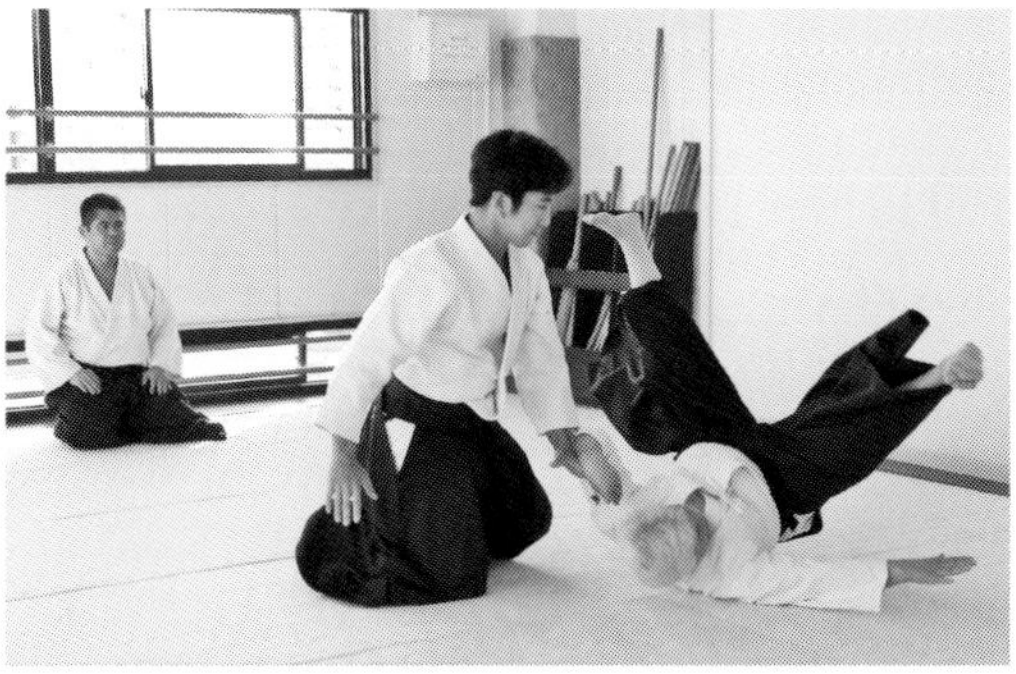

時折り笑顔を見せながら、場を和ませる気配りをしている本部道場長。しかし、稽古中に参加者と組み合う時には、スピード感のある技でその場の雰囲気を圧倒する

特別企画　合気道　普及の歩み 7ページから続く

第2回：植芝吉祥丸二代道主の時代

後編　昭和56(1981)年～平成11(1999)年

5月～9月

ASEAN諸国の青年に合気道を披露

5月～9月にわたって、来日しているASEAN諸国の青年へ日本武道の紹介をするため、日本武道館で延べ1千名に9回にわたり演武披露した。

日本武道館演武場に敷かれた畳を囲み、演武を熱心に見つめるASEAN諸国の青年たち

総会は大手町の経団連会館ホールで8月22日～24日までの3日間にわたって開かれた

昭和59(1984)年

4月6日～9日　米国ニューヨーク合気会20周年記念行事を開催。植芝吉祥丸二代道主は昭和49（1974）年の同10周年記念行事に続いて出席。

5月～9月　ASEAN諸国の青年に合気道を披露。

8月21日～25日　第4回国際合気道大会を東京で開催。

10月2日　日本武道館開館20周年記念式典を開催。

11月25日　東京都合気道連盟が発足し、結成大会で植芝守央本部道場長代行が理事長に就任。

12月1日～20日　西武ライオンズ球団のコーチ・選手合わせ約40名が稽古。

8月21日～25日

第4回国際合気道大会を東京で開催

第4回国際合気道大会が8月21日～25日にかけて東京で開催された。国際合気道連盟が結成されて8年となり、この親善と交流の実を広く世界各国の人々の参加の下により積極的に推進することを目的として、合気道発祥の地である日本で第1回大会に続いて行われた。アフリカ、アメリカ、アジア、大洋州、ヨーロッパなどの各大陸からオブザーバーを含む28か国の代表が参集。大会は総会と講習会の両面で進行した。

国際合気道連盟会長である植芝吉祥丸二代道主は開会の演説で、「本総会を通じて、現在加盟諸国及び連盟が抱えている諸問題に関して真剣な討議を行い、合気道の発展のため盤石の礎を築くことを望む」と挨拶し、議事へ移行した。講習会は合気道本部道場をはじめ、24日には日本武道館で行われた。

10月2日

日本武道館開館20周年記念式典

日本武道館では開館20周年を記念して、記念式典を10月2日皇太子同妃両殿下をお迎えし、多数の武道関係者の出席を得て開催された。合気会関係からは、植芝吉祥丸二代道主はじめ役員、師範がこの式典に参列した。

12月1日～20日

西武ライオンズ球団の約40名が本部道場で稽古

広岡達朗監督率いる西武ライオンズ球団の選手・コーチ合わせ約40名が冬季練習の一環として、12月1日から20日まで15回、1時間、合気道本部道場で稽古に励んだ。稽古は植芝吉祥丸二代道主が中心となり、各師範が指導に当たった。今回の試みは昭和30年代、広岡監督が合気道を修行した経験を元に企画されたもので、合気道の瞬発的な力の出し方や呼吸法について真剣に取り組み、理解しようと務めていた。

3階の本部道場で稽古している西武ライオンズ球団の選手・コーチたち

昭和61（1986）年

1月11日　合気会では本部道場長に植芝守央氏を決定。

4月1日～15日

植芝守央本部道場長はフランス合気道・自由武道連盟のイースター特別講習会の講師として出席し、各国からの700名に指導。

5月　第12回主要国首脳会議（東京サミット開催）

11月3日　植芝吉祥丸二代道主が名誉ある藍綬褒章を受章。

1月11日

本部道場長に植芝守央氏が就任

（財）合気会新年恒例の全国支部・道場連絡会議は1月11日、合気道本部道場特設会議場で全国各地の代表者約百名が出席して開催された。当日付けで本部道場長に植芝守央氏を決定、前任者の大澤喜三郎師範は道主補佐に就任した。

11月3日

植芝吉祥丸二代道主、藍綬褒章を受章

文化の日の11月3日、長年の合気道界に尽くされた功績により、名誉ある藍綬褒章を受章された。武道家の受章が困難な時代に、開祖植芝盛平翁の紫綬褒章受章に続く父子二代にわたる栄誉となった。

昭和60（1985）年

2月17日　日本武道館開館20周年記念として第8回古武道演武大会開催。

3月14日　東北・上越新幹線、上野～大宮間開通

3月17日　つくば科学万博開会

5月15日　昭和60年度合気会役員会を開催し、植芝守央本部道場長代行を専務理事に選任。

5月25日～27日

西ドイツ合気会20周年記念行事が植芝吉祥丸二代道主出席の下で開催。

6月　フランス合気道連盟の招へいにより植芝守央本部道場長代行を派遣。

8月12日　日航ジャンボ機御巣鷹山墜落事故

11月10日　中部学生合気道連盟20周年記念演武大会を開催。連盟傘下の学生150余名が参加。

2月17日

第8回古武道演武大会に合気道演武出場

２月17日日本武道館開館20周年記念として日中親善武道演武交流大会「第８回古武道演武大会」を開催。現代武道の一つとして合気会から演武出場。演武は弓術、剣、槍体そのほか各種古武術を中心に、剣道、合気道、柔道、相撲などの現代武道、中国武術が行われた。

3月29日

植芝吉祥丸二代道主の藍綬褒章受章祝賀会開催

昭和61年11月３日、植芝吉祥丸二代道主が藍綬褒章を受章され、日本武道そして合気道の名をより一層高められた。３月29日、受章を祝う会が赤坂ホテルニューオータニ「鶴の間」で合気道関係者約３千名（うち外国人会員およそ３百名）が集まり盛大に行われた。

ノルウェー皇太子・同妃両殿下の前で演武を披露する植芝吉祥丸二代道主

昭和62（1987）年

3月29日　「合気道道主・植芝吉祥丸先生藍綬褒章受章祝賀会」を開催。

4月1日　国鉄分割民営化し、各社発足

5月16日　四半世紀目の大会である第25回全日本合気道演武大会を開催。演武出場者、観客多数参集。

7月31日～8月10日　植芝守央本部道場長は米国東部地区夏期合宿にて指導。約250名が参加。

10月14日　ノルウェー皇太子・同妃両殿下が合気道本部道場ご訪問。

11月6日　竹下登内閣成立

10月14日

ノルウェー王国ハーラル皇太子・ソニア妃両殿下が本部道場で演武見学

10月14日、ノルウェー王国ハーラル皇太子・ソニア妃両殿下は駐日大使夫妻ほかノルウェー王国関係者約30名と共に合気道本部道場を訪問され、演武をご覧になった。

両殿下はスカンジナビア５か国で推進している“スカンジナビアTODAY”の一環として来訪。皇太子殿下が「日本的な精神を表わすものを見たい」と希望され、合気道に白羽の矢が立ったもの。

演武は大澤喜三郎道主補佐の自由演武、本部指導部部員による基本技、短刀取り、女子演武と続き、最後に植芝吉祥丸二代道主による説明演武を披露。合気道を初めて長く熱心にご覧になった皇太子殿下は「無駄のない合理的な動きに非常に感動した」と述べられた。

紀南文化会館大ホールで行われた第５回国際合気道連盟総会

最終日にお披露目された植芝盛平顕彰像の前に立つ植芝吉祥丸二代道主と、道主のご家族

昭和63（1988）年

1月9日	全国支部・道場連絡会議を合気道本部道場特設会議室で全国各地の代表者約140名が出席して開催。植芝守央本部道場長が議長に就任。
3月	４年前に開校した国際武道大学が、初めての卒業生を出す。合気道部からは２名が卒業。
3月13日	**青函トンネル開通**
4月10日	**瀬戸大橋開通**
8月8日	昭和63年度（第10回）全日本少年武道（合気道）錬成大会を開催。48団体、約千名が参加。
8月24日〜28日	第5回国際合気道大会を和歌山県田辺市で開催。

8月24日～28日

第5回国際合気道大会を開祖植芝盛平翁生誕の地で開催

第５回国際合気道大会は８月24日～28日にかけて開祖植芝盛平翁生誕の地・和歌山県田辺市で開催された。大会の主な行事は「国際合気道連盟総会」と「合気道国際講習会」の二本立であるが､27日には総会議場となった紀南文化会館大ホールで「国際演武大会」が催され、同会館の展示ホールでは､「植芝盛平遺品パネル展」が全期間を通して行われた。最終日には「植芝盛平顕彰像除幕式」が挙行された。

リチャード･ディリー市長から名誉市民証を授与される植芝吉祥丸二代道主

昭和64年／平成元年（1989）年

1月7日	**昭和天皇が崩御され、皇太子明仁親王が皇位を継承し即位**
1月8日	新元号の初日に当たる平成元年1月8日に、合気道本部道場の鏡開きを開催。
3月29～4月4日	植芝吉祥丸二代道主を迎えて田村信喜師範の在仏25周年記念行事を開催。
4月29日	合気神社で「合気神社大祭」と「開祖20年祭」を執り行う。
8月10日	**海部俊樹内閣成立**
10月18日～24日	植芝吉祥丸二代道主はシカゴ市長より名誉市民証を授与される。
10月20日～22日	スイス合気会20周年記念演武大会及び講習会は植芝守央本部道場長出席の下で開催。

平成2年（1990）年

4月	月曜日ごとに東京武道館で合気道研修会を開催。
4月3日	合気道学校に新しく上級課程（有段者コース）加わる。
4月13日～25日	植芝吉祥丸二代道主はブラジル、アルゼンチン、ウルグアイの南米３か国親善訪問。
5月19日	植芝吉祥丸二代道主はフランス政府青少年・スポーツ省から金メダルを贈られる。
12月1日	第30回防衛庁合気道連合会演武大会を防衛庁武道場で開催。北は北海道松前から南は鹿児島県鹿屋まで22支部、２百余名の会員が参加。
12月2日	**日本人初の宇宙飛行士秋山豊寛氏、ソユーズロケットに乗り込む**
12月8日	第30回全国学生合気道演武大会を日本武道館で開催。学連加盟校104校、さらに賛助演武学校が参加。

10月18日～24日

植芝吉祥丸二代道主は
シカゴ名誉市民証授与

10月18日～24日の約1週間、植芝吉祥丸二代道主はアメリカ･イリノイ州シカゴで行われたミッドウェスト合気道センター15周年記念に出席。19日シカゴ市長を表敬訪問した際、リチャード･ディリー市長より栄誉ある名誉市民証を授与された。20日に行われた講習会とインタビューはニュース放映された。その夜祝賀会と道主歓迎パーティーが開かれ、道主は州知事ジェームス・トンプソン、市長リチャード・ディリー両氏ならびに市議会からの感謝状を受けた。

翌21日の講習会のあと、演武会が開かれ、会場では約３千名を超す観衆の中、各地の師範の演武の最後に道主による説明演武が行われた。

4月

東京武道館で合気道研修会を開催

４月から月曜日ごとに東京武道館で合気道研修会を開催。これは本部道場が指導を直轄し、都内の各道場の会員をはじめ、近県の道場会員をも含む有級・有段者を対象とした稽古会である。毎回 20 名以下の参加で、きめ細かい指導が行われた。

4月3日

合気道学校に新しく上級課程を増設

合気道の実技と理論の両面から学ぶ全国唯一の特別研修講座である合気道学校は、昭和 43（1968）年から合気道を通じて体位の向上と心身の錬磨によって有能な人材を養成し、社会に貢献することを目的に建立された。昭和 48（1973）年から本年まで 18 年間、初級課程（初心者コース）、中級課程（有級コース）を年春秋２季開校。そして本年４月３日、新しく有段者を対象とした上級課程（有段者コース）が増設された。

5月19日

植芝吉祥丸二代道主、フランスの金メダル受賞

植芝吉祥丸二代道主はフランス政府青少年・スポーツ省から金メダルを贈られた。受賞式は５月 19 日、東京麻布のフランス大使館で行われ、（財）合気会関係者約 40 名が列席し受賞を祝った。

これは道主が合気道を通して長年日仏文化交流に貢献したことによるもので、この金メダルがフランス人以外に贈られたのは今回が初めてである。

フランス大使館で行われた受賞式

5月26日

大澤喜三郎前本部道場長逝去

前本部道場長・大澤喜三郎九段（80 歳）は５月 26 日逝去された。大澤師範は昭和 16（1941）年入門以来半世紀の長きにわたり、合気道に深い関わりを持ち、昭和 51（1976）年から昭和 61（1986）年までの間、本部道場長を務めるなど合気会の発展の陰の力となって植芝吉祥丸二代道主を支えてきた功労者であった。道主からは十段位が贈られると共に、６月 10 日には合気道本部道場葬が千日谷会堂で行われた。

7月4日～8日

ハワイ合気会30周年記念行事を開催

ハワイ合気会 30 周年記念行事は昭和 36（1961）年に開祖盛平翁がハワイ本部道場のこけら落としをしてから 30 周年という記念すべき大会で植芝吉祥丸二代道主を招待して開催された。到着した４日夜には、開祖を偲ぶ祭典が道主をはじめハワイ合気会の役員、アメリカの各師範、ハワイ合気会の会員約 50 名が参列。６日午前中には、道主の講習会が行われ、ハワイ各地から約 250 名が参加。同夜にはハワイ合気会 30 周年記念演武大会が行われ、ハワイ各道場の指導者や師範、アメリカの師範の演武に続き、最後に道主が 20 数分にわたり合気道の考え方をはじめ、ゆっくり動いたり、速く動いたりと現地の人にもわかるように演武し、大会を終了した。

平成3年（1991）年

3月17日	植芝吉祥丸二代道主は日本古武道協会から、「古武道功労者」として表彰される。
4月1日	新宿の新都庁舎オープンに伴い、第２庁舎 33 階職員体育館の一部に畳約 100 枚が敷かれた「武道場」を設置。
5月26日	大澤喜三郎前本部道場長（80 歳）が逝去される。
7月4日～8日	ハワイ合気会 30 周年記念行事を植芝吉祥丸二代道主が参加して開催。
7月20日、23日、25日	平成３年度合気道指導者研修会が東京武道館で行われ、都内の合気道指導者 46 名が受講。
11月17日	合気会・財団法人認可 50 周年、合気道本部道場創建 60 周年記念祝賀会を京王プラザホテルで開催。

本部道場で指導する在りし日の大澤喜三郎前本部道場長（中央）

平成4年（1992）年

5月23日　第 30 回全日本合気道演武大会を開催。出場者は過去最高の出場者、観衆が全国各地から参加。

9 月30日～10月4日
第 6 回国際合気道大会が台湾で開催。

11月4日～9日
道主はスペイン国立バレンシア工業大学（現バレンシア大学）の名誉博士号を授与。

11月29日　第 20 回中・四国学生合気道演武大会を開催。連盟加盟大学の約 130 名が演武。

東洋人で初めて授与される

11月4日～9日
道主に名誉博士号を授与

11 月 6 日植芝吉祥丸二代道主はスペイン国立バレンシア工業大学（現バレンシア大学）の名誉博士号を授与された。名誉博士号は各分野で多大な功績があった人に贈られるもので、本年までに同大学から名誉博士号が贈られたのは 8 名で東洋からは初めてである。

平成5年（1993）年

1月9日　合気会・全国支部道場連絡会議を代表者 160 名が出席して開催。本部組織の事務局の呼称を廃止、部制を確立。

6月9日　皇太子徳仁親王と小和田雅子さまご結婚

8月9日　細川護熙連立政権成立

5月7日～9日
初のアジア合気道演武大会開催

5 月 7 日～ 9 日、台湾をはじめ日本、タイ、フィリピン、香港、マカオから百名が参加し、アジア合気道演武大会が李清楠台湾合気道協会会長の提唱により開催された。植芝守央本部道場長は「合気道は国際的に大きく広がっています。中でもアジアにおける合気道は大きな飛躍の機運が感じられます」と述べた。

10月3日
植芝吉祥丸二代道主に日本武道館から感謝状

日本武道館 30 周年記念式が 10 月 3 日同武道館に各界の名士約 2 千名が出席して開かれた。開会式、各界の祝辞に続いて、植芝吉祥丸二代道主は江崎真澄日本武道館会長から感謝状を贈られた。植芝二代道主は日本武道館理事として日本武道館創設以来、同財団の武道普及振興事業と青少年の健全な育成に力を注ぎ、日本武道館の発展に寄与した功績に対して贈られた。

11月2日
植芝吉祥丸二代道主、ローマ法王に謁見

バチカンより招待を受けた植芝吉祥丸二代道主は 11 月 2 日、「謁見の会」で 7500 名が見守る中、多田宏本部師範と共に壇に上ってローマ法王・ヨハネ＝パウロ二世に謁見し握手を交わされた。

平成6年（1994）年

2月20日　沖縄初の第 1 回演武大会（沖縄合気会主催）を那覇簡易保険レクセンターで開催。地元のほとんどの那覇道場と、米軍人が中心の嘉手納道場から合わせて約 60 名が参加。

5月7日～9日　初のアジア合気道演武大会を台湾で開催。

6月30日　村山富市内閣成立

8月7日～14日　ニューヨーク合気会創立 30 周年記念夏季合宿が植芝守央本部道場長出席の下で開催。

9月4日　関西国際空港開港

10月3日　日本武道館 30 周年記念式で、植芝吉祥丸二代道主に感謝状が贈られる。

10月30日～12月2日
欧州各国から 5 百余名が参加したイタリア合気会創立 30 周年記念大会が植芝吉祥丸二代道主出席の下で開催。

11月2日　植芝吉祥丸二代道主はバチカンでローマ法王に謁見

8 億信徒の頂点に立つ法王から祝福を受ける植芝吉祥丸二代道主

4月29日／10月8日

植芝吉祥丸二代道主、勲三等瑞宝章を受章

政府は春の叙勲で勲三等瑞宝章を贈ることを4月29日発表した。この叙勲は、道主が（財）合気会理事長として多年にわたり、国内外で合気道の普及を通じて世界平和の推進に寄与した功績によるものであり、武道界で極めて稀である。

道主は「受章する栄誉は誠にありがたく、感謝いたしております。受章は私に対するものというより、合気道に対するものと思っています。従ってまず合気道を創ってその道を整えてくださった開祖に心から感謝を捧げると共に、合気道に携わるすべての方々にお礼を申し上げたいと存じます」と喜びを語った。

10月8日には「植芝吉祥丸道主勲三等瑞宝章受章祝賀会」を東京・西新宿の京王プラザホテル「コンコードボールルーム」にて開催され、全国各地から師範や関係者など計1千8百名が参列した。

5月9日

合気会理事長に植芝守央本部道場長が就任

（財）合気会の理事、評議員合同役員会において、植芝守央専務理事が理事長に就任。「父道主の作られた流れを崩さずに継承しながら、新しい時代に即応した形でやらせていただきたいと思います」と挨拶した。

また合同役員会では、植芝吉祥丸理事長の今後の処遇について協議し、（財）合気会の会長に就任した。

平成7年（1995）年

1月17日　**阪神・淡路大震災発生**

4月29日　政府は春の叙勲で植芝吉祥丸二代道主に勲三等瑞宝章を贈ることを発表。

6月3日～5日
ドイツ合気会創立30周年記念大会を開催。

10月8日　「植芝吉祥丸道主勲三等瑞宝章受章祝賀会」を開催。

12月2日　中部学生合気道連盟創立30周年を記念して、第35回全国学生合気道演武大会を中部地区で初めて開催。67校250名が参加。

謝辞を述べる道主、右は婧子夫人

平成8年（1996）年

1月11日　**橋本龍太郎内閣成立**

5月　全日本合気道連盟の理事長に植芝守央本部道場長が就任。

5月9日　（財）合気会の理事長に植芝守央本部道場長が就任。

8月4日～11日
ニューイングランド合気会創立30周年記念夏季合宿が植芝守央本部道場長出席の下で開催。米国・カナダなど各地から450名が参加。

10月1日～6日
第7回国際合気道大会が千葉県勝浦市で開催。

10月26日～28日
ポーランド合気会連盟創立20周年記念大会が植芝守央本部道場長出席の下で開催。国内51道場、3千名を超える会員が稽古した。講習会には国内各道場の選抜者及びヨーロッパ12か国から4百名が参加。

平成9年（1997）年

5月24日　第35回全日本合気道演武大会を開催。全国各地から1万3千名が参集。演武者は過去最高人数に達した。

9月24日～27日
アルゼンチン合気道30周年記念大会が植芝守央本部道場長出席の下で開催。アルゼンチンのほか、ウルグアイ、パラグアイ、ブラジルから約5百名が参加。記念講習会は4日間にわたり本部道場長が指導し、それぞれ250名が参加した。

10月1日　**長野新幹線開業**

12月31日～1月1日
毎年恒例の本部道場越年稽古。午後11時半から植芝守央本部道場長指導の下で稽古が行われ、午前零時半、本部道場長の模範演武で締めくくった。

写真左の白帯の方がセルゲイ・V・キリエンコ首相

7月14日

セルゲイ・V・キリエンコ・ロシア首相が本部道場の朝稽古に

セルゲイ・V・キリエンコ・ロシア首相は忙しい公務の合間をぬって7月14日、本部道場の朝稽古に参加した。同氏は首相就任以前の本年3月にも本部道場で稽古している。

一般の稽古者に混じり正座して植芝守央本部道場長を待つ表情は一合気道修行者の謙虚で真摯な顔だった。稽古は日頃と変わらず周りにとけ込んで稽古。相手は同氏の先生であるアリョーシャ氏で、道場長は時々二人の手を取り、動きを示した。

平成10年(1998)年

1月11日	新春恒例の合気会鏡開き式が本部道場で行われ、全国から集まった多数の参加者で埋め尽くされた。病気療養中の植芝吉祥丸二代道主に代わって植芝守央本部道場長が年頭の挨拶、奉納演武を行った。
2月7日	**長野オリンピック開会**
5月	全日本合気道連盟の理事長に奥村繁信氏が就任。
5月14日	日本武道協議会の理事会が開催され、合気道から植芝守央氏が常任理事に選任。
7月14日	セルゲイ・V・キリエンコ・ロシア首相が本部道場の朝稽古に参加。
7月30日	**小渕恵三内閣成立**
8月1日	英国合気道連盟30周年記念夏季稽古が植芝守央本部道場長出席の下で開催。英国をはじめ、オランダ、ロシアなど18か国、3百余名が参加。
9月4日	スペイン合気会（北浦康成師範）30周年記念講習会が植芝守央本部道場長出席の元で開催。スペイン国内はじめイタリア、ラトビアから約180名が集まった。

1月6日、7日、17日

植芝吉祥丸二代道主の合気会葬が執り行われる

植芝吉祥丸二代道主の葬儀は、植芝家により6日に通夜、7日に密葬を執行し、合気会葬が1月17日、東京・港区の青山葬儀所で厳かに執り行われた。斎主は出口尚雄大本総務、葬儀委員長は海部俊樹衆議院議員、喪主は植芝守央合気会理事長・本部道場長。本葬に先立って喪主守央氏は道主の遺骨を奉じ、午前11時自宅を出発。午前11時35分青山葬儀所に到着。

本葬は、葬儀と告別式に分けられ、出口斎主ほか7名の祭員と5名の伶人によって執行された。葬儀には、遺族、来賓、親族、関係者など3百名が参列。告別式は午後2時10分に始まり、約3千5百名の会葬者があった。

本葬の参列者の列は1キロにも及んだ

平成11年(1999)年

1月4日	植芝吉祥丸二代道主逝去される。享年77歳。同日付けで正五位に叙せられる。
1月6日、7日	植芝家により、通夜（6日）、密葬（7日）を執り行う。
1月17日	東京・港区の青山葬儀所で合気会葬を執り行う。

1月4日

植芝吉祥丸二代道主、逝去される

体調を崩され、かねて療養中だった（財）合気会・植芝吉祥丸二代道主は、1月4日逝去された。享年77歳。同日付けで、正五位に叙せられた旨、2月1日、内閣より発表があった。

植芝吉祥丸二代道主逝去後、植芝守央本部道場長が合気道道主の道統を継ぐ。

植芝家による密葬は本部道場にて行われた

連載 第3回

合気道の稽古に役立つ！
スポーツ心理学から紐解く心と身体の不思議な関係

文：園部 豊

園部 豊＝そのべ・ゆたか
帝京平成大学 現代ライフ学部 経営マネージメント学科講師。日本スポーツ心理学会、日本武道学会他、多数の学会に所属。主な研究項目は、運動によるストレス対処力の発達機序に関する研究、スポーツ選手・指導者のストレス対処および心理的ケアに関する研究。合気道参段

第3回：次に繋げる稽古の振り返り方

次の稽古への動機づけが低下した場合の、上達をもたらすきっかけを考える

前回の連載では、合気道の稽古での快感情が次の稽古への動機づけ（やる気）に繋がることを解説しました。しかし、毎回の稽古で快感情が得られるわけではないことは読者の皆様も実感していると思います。

●長い間満足いかない稽古が続き、その原因が自分の稽古不足であると思う
●たまたまそんな稽古が続いているだけと思う
●これを抜け出せないスランプと考えて沈む

そんな時、稽古とどう向き合えば良いのか、今回は「次に繋げる稽古の振り返り方」をテーマに考えていきます。

稽古が上手くいかず、次の稽古への動機づけが低下している方々に、少しでも上達をもたらすきっかけとなる方法を解説します。

Ⅰ．結果の捉え方

1．「できなかった」経験が続くとどうなるのか？

競技スポーツの世界において、記録の停滞や低下が続き、練習を続けても上達できないことに気づいた選手は将来もこの状態が続くと考え始め、無気力を経験することがあります。この現象は**学習性無力感**といい、自分の意図や行動と結果の非随伴性（上手くなりたいのに練習しても上手くならない）の認知の結果として形成されるものであると考えられています。

合気道の場面に言い換えれば、上手くなりたいという意図をもって、一生懸命に稽古をします。しかしいくら稽古しても上達の実感がないことや、人より下手という経験を繰り返すと、やがて「努力しても無駄」「自分には能力がない」と思うようになり、道場から足が遠のいてしまう可能性があります。

その日の稽古を「できなかった」と評価すること自体は悪いことではなく、これを改善を模索する手段として捉えることで上達に繋がります。問題なのは「できなかった」ことを「今後もできないだろう」と捉えてしまうことです。

では、「できなかった」とどう向き合い、どう捉え直すと達成感のある稽古に結び付けることができるか考えていきたいと思います。

2．「できなかった」原因は何？

今日のサッカーの試合に勝った原因は、「たまたま相手が弱かった」、「日々の練習の成果」など、選手によって捉え方は様々です。一方で負けた原因を、「能力の限界」、「練習不足だったからしかたがない」など、やはり選手によって捉え方が異なります。このように人は起こった出来事に対して、その原因

●参考文献
1．徳永幹雄　編（2005年）教養としてのスポーツ心理学　大修館書店
2．スポーツ実践研究会　編（1997年）入門スポーツの心理　不昧堂
3．中村隆一（1994年）運動学習について：運動生理，9，149-156

	原因が自分自身	原因が環境や相手
固定されている要因	能　力	課題の困難度
変動しやすい要因	努　力	運

表1. 成功失敗の原因帰属の分類（筆者改変）

を何かに帰属（～のせいにすること）とします。稽古においても「できなかった」原因は、たまたまだと捉えるか、稽古不足と捉えるか、といったことが想定されます。これらの捉え方を原因帰属と言い、帰属の仕方によってその後の練習の質や量に大きく影響を与えることがわかっています。

原因帰属では表1のような4つの帰属要因（能力／努力／課題の困難度／運）が説明されており、原因をどこに帰属させるのかが次の動機づけにとって重要となります。この理論では、失敗の原因を能力や課題の困難度に帰属すると、次もまた失敗することを考えると説明しています。例えば、今日の稽古が「できなかった」原因は、「自分の能力がないから」もしくは「技が難しいから」と捉えると、次回の稽古も「きっとできない」と考えてしまいます。

一方で失敗の原因を努力や運に帰属すると、次こそは成功するであろうと考えるきっかけとなります。例えば、今日の稽古が「できなかった」原因は、「稽古が足りなかったから」もしくは「たまたまそんな日だった」と捉えると、次回の稽古は「きっとできるであろう」という期待感を芽生えさせることに繋がります。つまり、稽古で改善の余地があると捉えることが大切です。

Ⅱ．「できなかった」ことはスランプなのか？

いくら稽古してもできない、きっと自分はスランプに陥っている、そんな状況もあると思います。はたして、本当にスランプなのでしょうか。

1．上達の度合いをみる学習曲線

練習時間を横軸に、上達の度合いを縦軸に表わすと、学習曲線を描くことができます。典型的な学習曲線として図1のような4パターンがあります。決して直線的だけが上達を示すものではないことがわかります。典型以外の個人差もありますので、自分の学習曲線はどのようになっているのか、描いてみることもおすすめします。学習曲線を描くことは、稽古過程が視覚的にわかりますので、上達やつまずきがどこにあるのかの気づきに繋がります。

2．スランプとプラトーの違い

では、経験するスランプに目を向けてみましょう。そもそもスランプ（slump）という言葉ですが、調子が出ないとか、株が暴落するという意味で用いられています。図2のように長期間の練習の中で、パフォーマンスの明らかな低下が認められることがあります。中級者以上に現われることが多いのが特徴であり、原因として身体的な疲労、意欲低下、フォームの改善等が考えられています。

スランプに似た現象として、プラトー（plateau）があります。これは高原や台地を意味する言葉ですが、図3のようにある時からパフォーマンスが停滞してしまい、台地のように平らな状態となることがあります。この現象は、次のレベルへの移行段階で見られることが多く、初心者が経験する最初のハードルとして立ちはだかります。

上達の実感が得られないほとんどの場合は、このプラトーである可能性が高く、粘り強く練習を継続することが求められます。合気道においても特に初心者の方において、上達の実感がないのはスランプではなくプラトーである可能性があります。さらに学習の初期段階は、**自己評価**（稽古者）と**他者評価**（指導者）が一致しないこともあります。本人は「できている実感がない」と捉えますが、指導者からは「できている」と評価される場面などがそうです。しかしプラトーでは停滞にすぎないので、指導者の評価を頼りに稽古を続けていくことが重要です。

Ⅲ．なぜズレる？ 自己評価と他者評価

評価のズレはなぜ起こるのでしょうか。学習に伴う上達過程を説明したものに**学習の三段階説（認知・連合・自動化）**があります。ここに原因を特定するヒントがありそうです。

1．認知段階

ここでは、行おうとする運動の全体像について理解することが求められ、初心者が直面する最初の段階となります。例えば、サッカーはどのようなスポーツなのか、どのようなルールなのか、さらにはボールの蹴り方などを理解することから始まります。合気道はどのような武道なのか、正面打ち第一教はどのような動きで構成されているかについて、言語的かつ知的に理解することになります。

比較的短期間で次の段階に進むとされていますが、一方でなかなかその運動が理解できないことも多くあります。この場合、理解しようとする箇所が細

分化しすぎて処理しきれていない可能性が考えられます。ポイントは運動の全体像についての理解ですので、初心者であれば大まかな流れを捉えることから始め、慣れてきたら徐々に細部にフォーカスしていくことが有効だと考えられます。特に合気道では、見取りという全体像を認識できる時間がありますので、しっかりと技の全体像を知的、視覚的に理解することが大切です。ここを飛ばしてしまうと、正しい見本が自分の中で作ることができず、もしくは指導者の動きとは離れて自分自身の理想像を構築し、その結果自分基準での出来栄えに囚われ、稽古者と指導者の評価にズレが生じることになります。

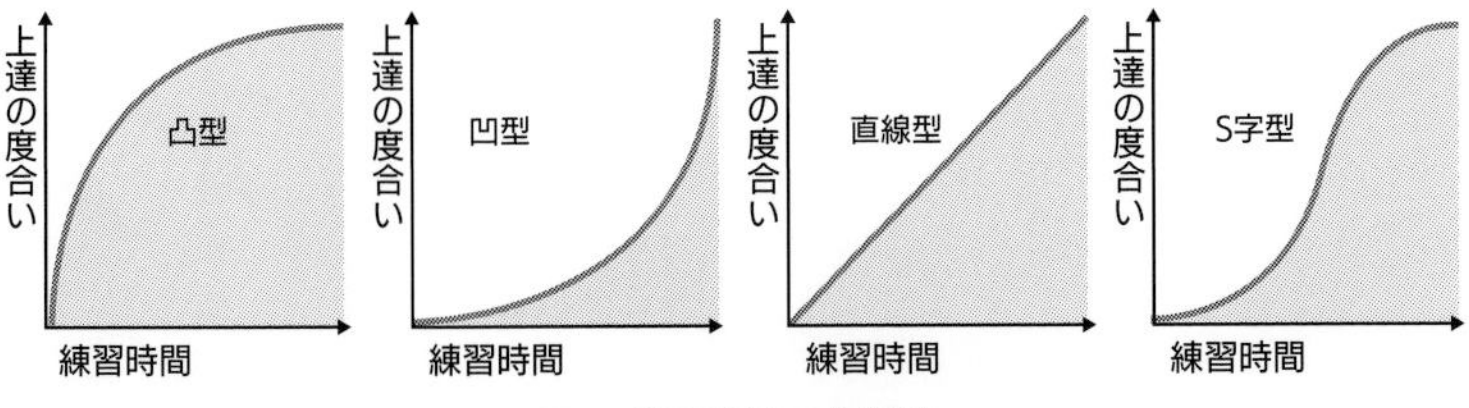

図1. 学習曲線の典型例

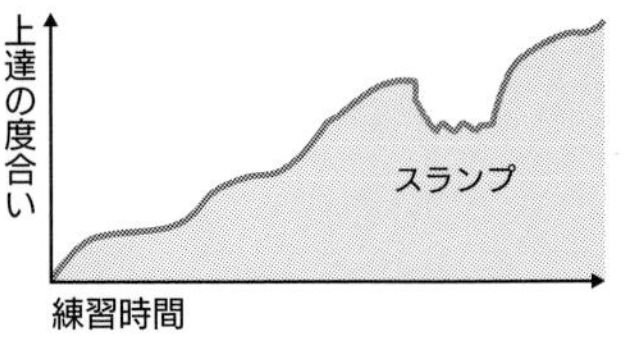

図2. スランプのイメージ

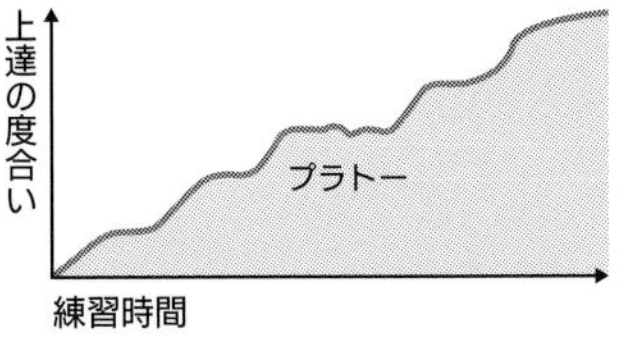

図3. プラトーのイメージ

2. 連合段階

連合段階では、基礎的動作の反復練習によって、認知段階でみられたぎこちなさが減少していきます。認知段階で学習した個々の運動が連動されていく段階となりますが、安定する段階には達していません。

連合段階の初期では、自分が行った動作がよくわからないことがあります。この現象は**「運動の不感性」**と呼ばれていて、腕を伸ばしたつもりでも曲がっていたり、膝を伸ばした意識がないのにしっかり伸びていたり、合気道では転換をしたつもりでも足が残っていたり、意図と実際が乖離する傾向にあります。また、稽古者と指導者の評価にズレが生じることも「運動の不感性」が原因の一つと考えられます。

ここで大切なことは、運動を行った時に得られる感覚や、指導者の評価を修正材料として使っていくということです。自分で行った運動の感覚や評価などの情報を自分に戻すことをフィードバックといいます。例えば、いつも曲がってしまう腕を伸ばすように修正したいとします。まず、伸ばした時と曲がった時の感覚の違いを、視覚情報などを用いながらしっかりとその場で認識します。伸びているという基準が不明確であった場合は、指導者からの評価を基準として用います。

最初は、伸びている感覚に慣れないので違和感を覚えるかもしれませんが、その違和感が動作の誤差を修正していくことに必要な感覚情報となります。稽古者自らの感覚情報や指導者からの評価をフィードバック情報として繰り返し用いることによって、今は腕が伸びていなかった、今度はしっかりと伸びていたなど、稽古者自らが動作の修正を行うことができるようになり、指導者の評価からのズレも少なくなっていきます。ただし、このような誤差の修正がスムーズになるのは比較的長い期間が必要とされます。

3. 自動化段階

自動化段階に移行すれば、動作に意識をそれほど向けることなく、安定した運動を遂行できるようになります。いわゆる熟練者の領域となります。テニスであれば、基礎的なラケット動作は自動化され、どこにサーブするかなどの戦略に意識を向ける余裕が生まれます。

一方で自動化された動作を無理に意識化してしまうと、自動化が妨げられ動作がスムーズにいかない側面も持ち合わせています。

Ⅳ. まとめにかえて

失敗の原因を、能力や困難さに帰属させると、次回の稽古もきっとできないと考えてしまい、学習性無力感に繋がります。一方で、努力や運に帰属させると、次回の稽古はきっとできるであろうという期待感に繋がります。さらには、初心者の方であれば、何度やっても上手くいかないのはスランプではなくプラトーである可能性があり、むしろステップアップに必要な現象となります。

そして、稽古者自らの感覚情報や、指導者からの評価をフィードバック情報として繰り返し用いることによって、できるようになることを徐々に増やしていくことが大切です。

次回は、怪我による心のダメージと復帰までの向き合い方について解説していきます。

われら合気道家族

VOL. 51

家族全員で合気道の面白さを共有できる

竹豊館海南道場　前川さん一家

右から、恭さん、美也子さん、竹中日出雄師範、起輝さん、倖悠さん

今回の「われら合気道家族」は和歌山県海南市にある竹豊館海南道場にて、家族全員で稽古を続ける前川さん一家です。お母さんは４年前、不慮の事故により車椅子での生活を余儀なくされましたが、仕事復帰を果たし、車椅子に乗っての稽古を続けています。

前川さん一家プロフィール

［父］	前川　恭《やすし》	（52歳）	稽古年数10年	参段	公務員
［母］	前川美也子	（49歳）	稽古年数12年	参段	公務員
［長男］	前川　倖悠《こうゆ》	（19歳）	稽古年数12年	弐段	大学１年生
［次男］	前川　起輝《たつき》	（16歳）	稽古年数12年	弐段	高校２年生

家族４人で週末の稽古に励む　　前川　恭

道場に子供たちの元気な声と拍手の音が響き渡る。竹中日出雄師範が主宰される竹豊館では、大人と子供が一緒に稽古を行います。技や受身に対して拍手を持ってお互いを称え合います。拍手をする方もされる方もとても気持ちが良いものです。

和歌山県海南市にある竹豊館海南道場。竹豊館で最も古いこの道場は地域に根差した、心と技を磨く合気道道場として知られています。令和元（2019）年10月には、海南市長をお迎えし盛大に50周年記念演武大会が開催されました。この記念すべき日に、家族４人で立ち会えたことをとても嬉しく思います。子供たちに何か習い事をさせたいと考えていた頃、どういうわけか妻も二人の息子と一緒に、３人でスタートした合気道。今では家族４人で週末の稽古に励んでいます。各人がそれぞれの思いを持って。

今の自分にプラスになっている合気道

前川倖悠

僕が合気道を始めたのは今から12年前、初め嫌々だった稽古は、すぐに楽しみなものになり、今では当たり前のように通っています。合気道をしていて良かったと感じたことはたくさんあります。なかでも今の自分に大きくプラスになっていると思うことは多くの人に出会えたことです。子供の頃から、様々な年齢、様々な職業、様々な考え方を持った人たちと関わることができたことは、これから社会に出て行くうえでも非常に役に立つと思っています。

僕が合気道を12年続けていることがわかると、いつまで続けるのかという質問をよくされます。僕はいつまで続けるかを明確に考えてはいません。でも大学を卒業し、社会人になり、仕事を引退する頃になっても、合気道はずっと続けているだろうなという気はします。現在の目標は技の上達。楽しく真剣に稽古をしています。

父、恭さんの演武の受けをする倖悠・起輝兄弟

ずっと家族4人全員で合気道を続けていきたい

前川起輝

これまで合気道を続けてこられたのは、やはり合気道が好きだからだと思います。様々な方々と一緒に汗を流し、呼吸を合わせ、取り受け一体となって稽古するのが僕は好きです。稽古を重ねるごとに新たな発見や、学びがあり、それが稽古の楽しみの一つでもあります。

また家族全員が合気道をしていることで、合気道の面白さを共有することができ、その楽しさがあったからこそ、より合気道が好きになったのだと思います。これまでに合気道を通じて、多くの人と出会い、多くのことを教わることができました。相手を思いやる心や感謝の心など、稽古を通じて学んだこともたくさんあります。もし合気道に出会っていなかったら今の自分はないと思うと、本当に合気道に出会えて良かったと思います。これからも、もっともっと成長できるよう、稽古に励んでいきたいです。そして、ずっとずっと家族4人全員で合気道を続けていければ良いなと思います。

前川さん一家が稽古する竹豊館海南道場。投げているのが倖悠さん

車椅子で何ができ、役に立てるかが人生のテーマ

前川美也子

「いいこと言って　いいことして
いいこと思って　いい人になる」。

子供たちと私が竹豊館海南道場を初めて見学させていただいた際、掲げられていた言葉です。すぐに3人で入門させていただき、合気道に夢中になりました。

土曜日は少年部と一般とに分かれ

見取稽古や車椅子に乗ってできる技の練習に励む美也子さん

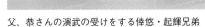

ての稽古です。それまで子供たちの送迎を担当してくれていた主人が入門させていただくにあたり、お稽古の時間帯について相談させていただくと「子供も大人と一緒に稽古したらいい」と。以来、家族４人多くの貴重な時間を共有させていただき、数え切れないほどの素敵な思い出ができました。

今まで家族で合気道を続けさせていただけたのも、このようにスタートすることができたからです。まだ幼かった子供たちと一緒の稽古をお許しくださった竹中師範をはじめ、一緒に稽古してくださった先輩方に多くのことを教わりました。今日も変わらず、私共家族を温かく見守ってくださる皆様方に心より感謝しております。

人生何が起こるかわかりません。ある日突然、車椅子での生活となった私ですが、今も道場に上がらせていただき、先輩方が私のお相手をしてくださいます。ただ悲しいのは、受身ができなくなってしまったことです。

「何があっても大丈夫じゃ。人間は心の持ち方じゃよ」。お稽古で教わった開祖植芝盛平翁先生のお言葉に何度も励まされ救われました。

合気道修行の眼目「社会人類に貢献できるよう」、そして師範のお教えである「人に喜ばれる人生を」。

車椅子で何ができるのか。誰かのお役に立てること、喜んでいただけること。私のこれからの人生のテーマです。いいこと言って　いいことして　いいこと思って　いい人になれるよう家族と共に前進していきたいと思います。まだまだ道は続きます。

合気道で学ぶことが日々の生活に役立つ

前川　恭

礼拝は２礼４拍手２礼。「お願いします」、「ありがとうございました」を丁寧に心を込めて、気を合わせて行います。その荘厳な様子、礼儀正しさと清々しさに惹かれ、私は入門を決意しました。優しく、時に厳しく、愛情を持って竹中師範は指導してくださいます。「（相手に）常に感謝の心を忘れない」、「技よりも心が大切」、「強い弱いではなく、何が正しいかを学ぶ武道」、「まずは相手を受け入れて、円く包み込んで、それから自分の気持ちを伝えなさい」。合気道で学ぶことが日々の生活に役立っています。まさに「合気道は人生そのもの」です。

４年前、妻は不慮の事故により頸椎と胸椎を骨折、車椅子での生活を余儀なくされました。それでも、生きていられることに感謝。話せる、自分で食べられる、両腕が動くなどごく当たり前のことに感謝。その後６か月の入院とリハビリは失われた機能の回復のためではなく、上半身の機能だけで生活するためのものでした。妻は落ち込む間もなく、必死に取り組みました。家に帰るために。外出して再び世界を広げるために。働けるように。自分のために、誰かのために。何度も現実に打ちのめされ、それでもあきらめず、決してあきらめることなく今日まで来ました。

今、妻は仕事に復帰し、車を運転して通勤しています。たくさんの人々に励まされ、支えられここまで来ることができました。また、車椅子のまま道場に入ることを許していただき、少しずつですが見取稽古や車椅子に乗ってできる技の練習をしています。以前のように稽古はできませんが、「今できる」合気道に挑戦しています。竹中師範をはじめ竹豊館の皆様、合気道の家族のお力添えをいただき、小さな一歩ずつではありますが、家族４人で力を合わせ、夢と希望を持って前に進んで参りたいと思います。そして皆様といつかどこかで稽古をご一緒させていただければと願っています。

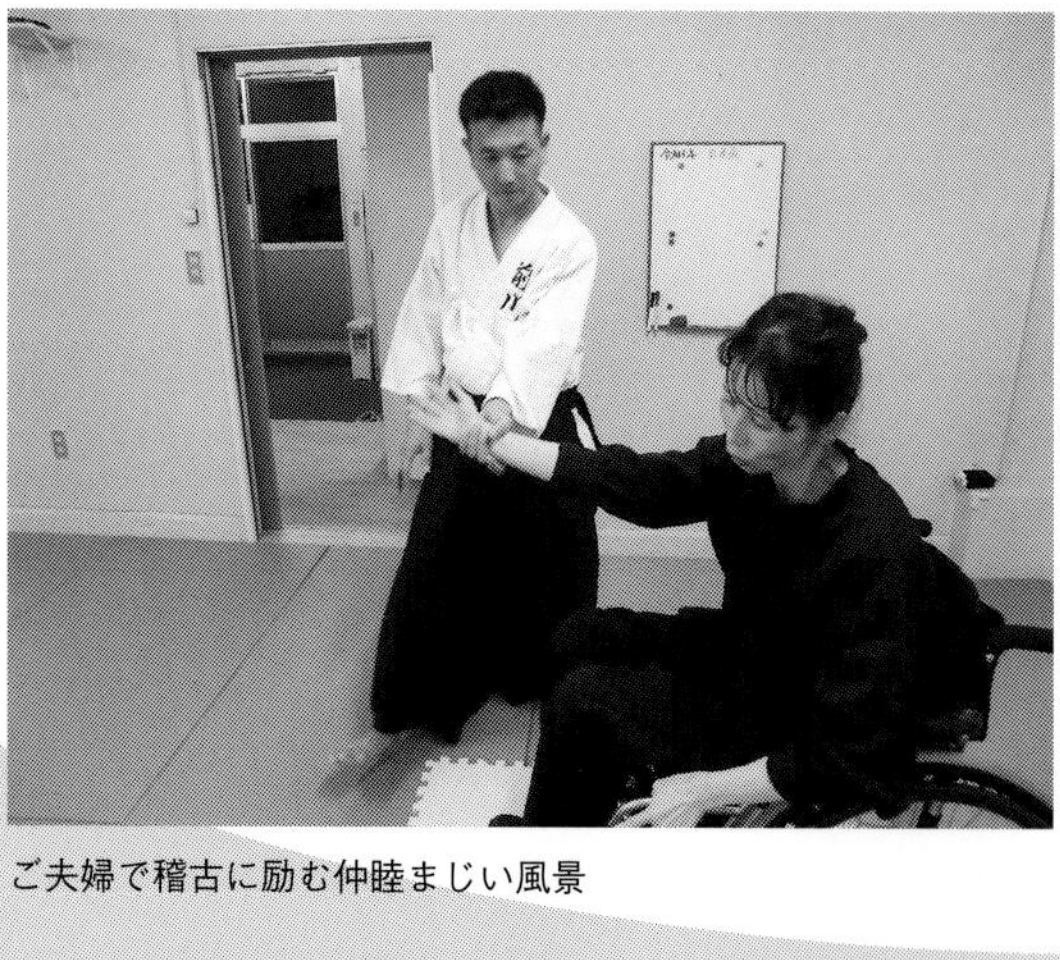

ご夫婦で稽古に励む仲睦まじい風景

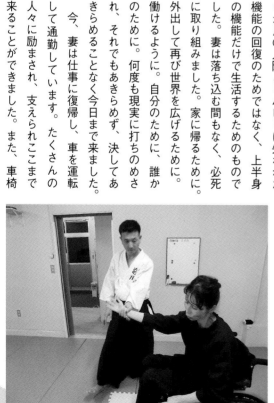

合気道仲間のお仕事拝見！

僧侶
神田英昭

組織に属さず、自由な立場で人々に寄り添いたい……。そんな想いから、フリーの僧侶という生き方を選んだ神田英昭さん。誰にでも開かれた庵を結び、頼まれれば各地のお寺を手伝う日々。仏教を身近に感じさせる、気さくな素顔を見せてくれました。

PROFILE
神田 英昭 かんだ・ひであき
大学卒業後、自分探しの旅を経て、東京女子医大病院で集中治療室の看護助手の仕事に就く。人の死に触れる日々の中で、僧侶を志し高野山大学に編入して得度。タイへ派遣されてタイの仏教も学び、帰国後は東京都渋谷区初台に「智照庵」を開設した。合気道参段。

小さな庵に込めた現代人に寄り添う想い

生まれ育った初台の駅前マンションの一室に、平成30（2018）年2月に「智照庵」という真言宗の小さな庵を開きました。

平成23（2011）年から、高野山総本山金剛峯寺よりタイ国開教留学僧として3年間バンコクに派遣されていた私は、帰国後の進路を迷っていました。お寺に所属したり学者として仏教研究を深めたりする道も考えましたが、どうも納得できませんでした。悩んだ末、旧来の組織の流れを背負わず、もっと自由な立場で現代人に寄り添いたいと、フリーの僧侶として庵を結ぶことにしたのです。

大好きな真言宗の教えを学び実践していきながら、誰もが気軽に立ち寄って生きるエネルギーを取り戻せるような、自然な場所を提供していきたい。今はこの庵で仏教の勉強会などを開いて、だんだん訪ねてくれる方々も増えてきました。みなさん「居心地がいい」と、少なくとも2時間はゆっくり滞在されていきます。

いずれはこの庵を、明恵《みょうえ》上人という私の尊敬する僧を、たくさんの人に伝えていく場にしたいです。明恵上人は悩みの多かった10代の私の心を救ってくれた本、河合隼雄著『明恵　夢を生きる』で描かれていたお坊さん。教科書にも載っている人なのですが、多くの人は忘れてしまいます。一般の人々に、もっと広く明恵上人を知っていただくこと、それが私の仏教道です。

患者さんの死に触れる日々から真言宗の聖地・高野山へ

合気道を始めたのは、22、3歳の頃。まだ仏門に入っていませんでした。身

都内の駅前マンションの一室に、真言宗の祭壇が設えられている。厳かというよりも、明るい雰囲気

体を動かしたいと思っていたところ、友人が合気道をやっていて勧められたのです。幼い頃から人と争ったり勝ち負けを競うことが苦手で、合気道の『勝ち負けがない』という特徴に惹かれました。

本部道場で稽古を受けるうち、神道をベースにした合気道の精神性の素晴らしさにも魅了されていきます。ちょうど同じ頃、東京女子医大病院で集中治療室の看護師をサポートする仕事を始めました。朝稽古をして、看護助手として準夜勤で仕事をする。とてもいいリズムで生活できていたと思います。

しかし、集中治療室は人の死に触れる機会の多い職場なので、だんだんと「人間の生」の根源についていろいろと考えるようになってきました。思いを深めていくうちに、真言宗の尼僧である叔母からの「あなたはお坊さんに向いている」と言われ、その言葉に背中を押されて、仏教を学んで出家しようと決意しました。

叔母に相談して選んだ進路は、標高約800メートルもの山上にある真言宗の高野山大学でした。26歳という、決して早くない旅立ちです。合気道は初段になったところでしたが、以後タイへの派遣から帰国するまで、14年間は稽古を休まざるを得ない日々を送りました。

玄関のドアを開けるとすぐに、『智照庵』の名を掲げた庵の門が迎えてくれる

南方熊楠《みなかたくまぐす》の研究を重ねた日々と新たな仏教文化を知ったタイの日々

高野山大学の3年に編入し、和歌山県が生んだ世界的博物学者である南方熊楠（1867〜1941）をテーマに選び、熊楠の密教観や仏教観を研究しました。研究を始めるにあたって、熊楠と親交が厚かった僧侶・土宜法龍《どきほうりゅう》（1854〜1923）のお墓参りをしようと、京都栂尾の高山寺を訪れてみました。

この思いつきが、熊楠研究の歴史的大発見を生むことになるのです。ちなみに、偶然にも、高山寺は前述した明恵上人のお寺でした。土宜法龍のお墓参りに来たのは私が初めてだったということで、喜ばれてお寺の一室に通されました。そこで見せていただいたのは、ご住職が長年金庫にしまって大切にされていた、南方熊楠が土宜法龍に宛てた書簡の数々。

これがなんと、これまで発見されていなかった書簡だったのです。それを知った熊楠研究の師も私も、興奮を隠せませんでした。それから私は博士後期課程まで進学し、平成16（2004）年から7年もの歳月を費やして発見した書簡の研究に没頭。ついに平成22（2010）年、その成果を共編『南方熊楠書簡―高山寺蔵　土宜法龍宛1893-1922』（藤原書店）にまとめて出版することができました。

知識を積み重ね、熊楠研究で注目されていくことは嬉しいことでしたが、それが仏教へのアプローチとして正しいのかどうか、やがて違和感を覚え始めます。学んだ自信が優越感となり、煩悩として自分に跳ね返ってくるのではないか……。

そこで、ちょうど大学で募集のあった、タイの王立寺院境内にある日本人納骨堂の管理をしながらタイでも出家できる「タイ国開教留学僧」に手を挙げました。30歳を超えての新たな挑戦は不安でもありましたが、悩んでいる時期だったので、思い切って行くことにしたのです。

行ってみると、タイの上座部仏教は日本の大乗仏教と相違点も多く、托鉢で修行をするなど新鮮な学びがありま

首都高速４号新宿線もほど近い、京王線初台駅前。右手マンションに智照庵

した。そしてタイでも出家できるという貴重な経験ができ、本当に良かったと思っています。自分の仏教観に大きな影響を与える、有意義な3年間を過ごすことができました。

14年ぶりに合気道に復帰し 稽古できる喜びをかみしめる

タイから帰国して、やっと合気道の稽古にも復帰できました。とはいえ、あまりにも長く休んでしまったために、できるのかどうか不安でした。

しかし、勇気を出して本部道場の初心者クラスに戻ったところ、先生が「君は以前も稽古に来ていたね」と覚えていてくださり、さらに技を掛けていただいた時に「大丈夫、君の体はちゃんと合気道を覚えているよ」と励ましてくださったのです。この言葉が大きな力となって、「復帰していいんだ！」と思うことができました。

それからもう2〜3年が経ち、週に2〜3回は稽古していますが、本部道場で稽古できることが嬉しくてたまりません。合気道で特に目標を掲げているわけではなく、ただただ、道主や本部道場長から直々に教えていただける幸せを感じています。

カフェのような身近な空間ながら、本格的な祭壇。曼荼羅を前にお経をあげる

合気道と仏教とに共通する 精神性を大切にしつつ深めていく

合気道と仏教には、共通する「アジアの精神性」があると思っています。稽古は長い間の自らの穢れを清める「禊」と捉えられていますが、仏教のベースにもまた、自己を清めていくという考えがあるからです。

また、開祖植芝盛平大先生の著作を読んでいると、頭で理解するのは難しく、心と感性で理解しなければならないと思います。これが、経典を読む感覚に似ているのです。この2つの世界観はいずれつながるという確信があります。理解に時間はかかりますが、つながりを探求していきたいです。

実は、大先生と南方熊楠は同郷で、和歌山県田辺市の『三偉人』のうちの二人（もう一人は武蔵坊弁慶）です。このことにご縁を感じていたところ、熊楠が明治44（1911）年に友人へ出した手紙の中で、大先生について言及する一文を残していたことを、最近知りました。

当時、すでに大御所として知られていた熊楠が、まだ無名の若かりし大先生を「（日露戦争からの）兵隊帰りの植芝なる豪傑」と書いています。熊楠が大先生を、しっかり認識していた！こんな嬉しい発見も、研究者冥利に尽きるというものです。

合気道も仏教も本当に奥が深く、私の理解はまだまだ追いついていません。それでも、どちらも大好きだから、これからも学び続けます。

この庵に来たら、子どものような心に戻ってくつろいでほしい。そんな想いを、画家のくまのひでのぶさんが表現してくれた絵

全国道場だより

合気道の輪は日本全国に広がり、地域に根付いています。このコーナーでは、各地の道場の様子をご紹介いたします。

岩手県

【岩手県営武道館合気道教室】

平成2（1990）年、岩手県の象徴岩手山も望む、盛岡市みたけに岩手の武道振興の拠点として、岩手県営武道館が完成しました。完成と同時に岩手県営武道館合気道教室を創設し、本年で創立30年となります。記念行事を検討中です。

道場訓「礼儀・至誠・和」やスローガン「仲間と共に合気道を通して、豊かな人生を!!」を掲げ、充実した稽古を目指しています。また、青少年の部では、「2分座禅」や「武道憲章の朗読」、「宮沢賢治の詩の朗読」等を取り入れ、文武両道の道を探っています。

稽古内容は「合気体術」を中心に「合気剣」「合気杖」を総合的に錬磨すると共に、楽しい合気を目指し、指導法の研究・研修に心がけています。

同道場の主な行事は以下のとおりです。

1月、新年稽古始め演武会
5月、国際交流セミナーの実施
6、12月、昇級昇段審査会
10月、岩手県スポーツフェスティバルに参加
11月、岩手大学合気道部と合同演武会

Dojo Data

[道場名] 岩手県営武道館合気道教室
[責任者氏名] 日高　浩
[連絡先住所]
〒020-0011
岩手県盛岡市三ツ割三丁目14-1
[電話番号] 019-661-9714
[Email]：h.hidaka@kje.biglobe.ne.jp
[創立年] 平成2（1990）年
[稽古場所] 岩手県営武道館
[稽古日・稽古時間]

木曜日	青少年	18：30～19：30
	一般	19：30～20：30
日曜日	青少年	18：30～19：30
	一般	19：30～20：30

[会員数] 50名

東京都

【鷹の台合氣道同友会】

鷹の台合氣道同友会は東京都の小平市民総合体育館で稽古している団体です。おかげさまで、令和2年（2020）年で20周年を迎えます。

代表を務める私、神谷正一が東京都小平市に転居したのを契機として、平成12（2000）年に我が家の家族で稽古を始めたのが当会の始まりです。この稽古に、勤務先の仲間や近所の親子が口コミで参加してくれるようになり、徐々に会員が増加。会員数が20名を超えた頃から、全日本合気道演武大会、全日本少年少女合気道錬成大会等の各種大会に参加してきた、会員皆が家族のような団体です。

「稽古は厳しく楽しく」をモットーに、普段は一般部と少年部が一緒に稽古しています。

また、夏にはレクリエーションとしてのお泊まり会、年末年始は納会と鏡開きで、会員相互の親睦を深めています。今年度のお泊まり会では、オホーツク中湧別道場長の尾﨑晌師範（全日本合気道連盟理事長）にお世話いただき、開祖の足跡を訪ねて白滝を訪問することができ大変貴重な経験をいたしました。

隣接する小金井市の合気道小金井同好会とは、当会設立当初から姉妹道場のような形で交流させていただいており、代表の安藤哲郎師範には日頃から大変お世話になっております。

当会は、まだまだ20年という歴史の浅い小さな団体ですが、様々な入会動機や老若男女それぞれの稽古目標に応えられるような、きめ細やかな稽古を、倦《う》まず弛《たゆ》まず続けていきたいと思っております。

Dojo Data

[道場名] 鷹の台合氣道同友会
[責任者氏名] 神谷正一
[連絡先住所]
〒173-0016 東京都板橋区中板橋 24 番 2-206
[電話番号] 03-6905-6268
[携帯] 090-9823-3590
[E-mail] showkamingway@yahoo.co.jp
[創立年月日] 平成 12（2000）年 3 月 20 日
[稽古場所] 小平市民総合体育館　第 4 体育室
[稽古日・時間] 土曜日　9：00 ～ 11：00
[会員数] 20 名

愛知県

【合気道一修会】

一修会は平成13（2001）年7月7日、尾張合気会の傘下道場として設立されました。当会代表の中山栄一がもっと稽古をしたいとの思いから設立したものの、当初は愛知県名古屋市立守山中学校の体育館をお借りし小学生7名での稽古でした。その後は少しずつ会員が増え、会員からの要望もあり、平成23（2011）年12月新設された名古屋市守山スポーツセンターに稽古場所を移転し現在に至っています。

現在の会員数は、未就学児から60歳を超える大人までの80名余りです。開設当初から続けているダウン症児も現在では23歳で弐段となり、以前には24時間テレビの取材を受けたこともあり、会員皆が分け隔てなく稽古しています。稽古は、基本に忠実な稽古に心掛けており、厳しい中にも和気あいあいと、人との繋がりを大切に心身の鍛練を目指し稽古しています。

当会では、毎年6月には合気道本部道場指導部師範をお招きして講習会を開催しているほか、他団体が主催する講習会に積極的に参加し技の向上に努めています。年始には新年演武会、春には合宿を行い、技の向上だけでなく会員相互の親睦も積極的に図っています。また当会の代表が毎年海外での指導を行っていることから、不定期ではあるものの会員が参加しての海外稽古も行っており、海外との交流も積極的に行っています。

当会はスポーツ少年団にも登録しており、今後も地域に根ざした合気道の発展に寄与していければと思っています。

Dojo Data

[[道場名] 一修会
[責任者氏名] 中山栄一
[連絡先住所] 〒463-0007
愛知県名古屋市守山区松坂町222番地2
[携帯] 090-4200-1073
[E-mail] aikido@ishukai.com
[URL] http://ishukai.com
[創立年月日] 平成13（2001）年7月7日
[稽古場所] 名古屋市守山スポーツセンター
（愛知県名古屋市守山区竜泉寺2丁目112番地）
[稽古日・時間]
土曜日
子供クラス・初級クラス　18：15～19：15
上級クラス　19：30～20：30
[会員数] 80名

高知県

【高知県庁合気道部（合気道千蓮寺道場）】

合気道千蓮寺道場は高知市の中心部、高知城の北西に位置しています。千蓮寺という寺の本堂をお借りして週2回の稽古を行っています。

平成9（1997）年7月に県庁職員3名が発起人となり、合気道高知県支部長であった故佐柳孝一師範のお許しを得て県内で初めての社会人合気道部として発足し22年が経ちました。平成11（1999）年の佐柳師範の逝去を機に合気道高知県支部の運営方法が一変したことから、一般会員も受け入れるようになり現在に至っています。

この間、道場は高知県支部道場から旧千蓮寺を経て現在の千蓮寺に移りました。千蓮寺の新築移転に当たり、住職や檀家総代などのご厚意により本堂をお貸りできることになりました。道場としては広くないため、その日の人数により稽古内容を工夫しています。

当道場は、佐柳師範が目指されたリラックスした心身から気が出て、柔らかく力に頼らない合気道、そして相手との結び、和合を目指していますが、熱心に稽古に取り組み長く続ける方が多いのが特徴です。佐柳師範の技を受け継いでおられる愛媛県の合心館、谷本敏夫師範に教えを乞うため、演武大会と講習会には毎年参加しています。

また加盟している高知県合気道連盟の活動として昨年、植芝守央道主をお迎えして連盟創立40周年記念演武大会と特別講習会を開催することができ、合気道の交流の輪を拡大することができました。これからも、目指す合気道に少しでも近付けるよう日々の稽古に取り組んでいきたいと思います。

Dojo Data

[道場名] 高知県庁合気道部（合気道千蓮寺道場）
[責任者氏名] 松村俊典
[連絡先住所] 〒 780-0914 高知市宝町 13-1
[電話] 088-873-9572（松村）
[E-mail] sssmatsu@yahoo.co.jp
[創立年月日] 平成 9（1997）年 7 月 1 日
[稽古場所] 高知市八反町 1 丁目 4-12　千蓮寺内
[稽古日・時間]
水曜・金曜日　19:30 ～ 21:30
[会員数] 14 名（一般）

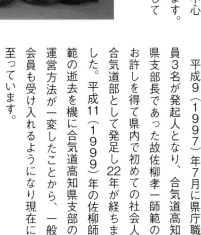

合気 国内 トピックス

2019 6/2

山口合気会創立60周年記念 合気道大会

6月2日、山口県柳井市のFUJIBO柳井化学武道館において、山口合気会創立六十周年記念合気道大会が植芝守央合気道道主ご夫妻、村重有利初代師範と沼田敏男初代会長のご家族をお招きし、盛大に開催された。

前日に山口入りされた道主一行を迎え、柳井市において大会前夜祭が県内の主だった指導者を集めて開催された。岸信夫衆議院議員も臨席された。

翌大会当日は、山口県内の道場会員、少年会員、大学、県外の各同盟道場の会員による演武と続き、最後に植芝守央道主による講話と演武が披露され、800名の観衆は魅了された。山口合気会は創立以来「青少年の明日を拓く」を会是として歩みを続けており、この大会は、テーマを「志」として実施された。ここに60年の節目を迎え、次代に繋ぐべき「志」を改めて胸に刻み、次の10年に向けて歩き始めた。

2019 6/8、9

山形県合気道連盟 創設50周年記念演武大会、道主特別講習会

山形県合気道連盟は6月8日から9日にかけて、植芝守央道主を招き、創設50周年記念演武大会ならびに道主特別講習会を天童市の県総合運動公園武道館にて開催した。演武大会では、主催者を代表して土田稔県連盟会長の挨拶に続き、来賓の挨拶として道主から山形県連盟の開設者である故白田林二郎師範について触れられ、尾﨑晌全日本合気道連盟理事長ほか来賓からも祝辞があった。

演武では、禊の行に始まり、基本技、応用技、武器技のほか、少年少女演武、家族演武やシニア演武等、県内各道場・教室、高校、大学生のほか東北合気道連盟各県会長による賛助演武、約130名が演武を行った。締めくくりとして、道主の総合演武が披露された。

翌日道主による特別講習会には、約80名が参加し、入身、転換、転身による体捌きと繋がり、呼吸の大切さについて指導された。

2019 6/15

中野区合気道連盟 創立50周年記念祝賀会

東京都の中野区合気道連盟創立50周年記念祝賀会は、植芝守央道主を迎えて6月15日中野サンプラザにおいて開催された。中島敬二理事の開会の辞、

松本肇理事長による主催者挨拶のあと、植芝守央道主が「故小山謙二師範抜きに語ることはできない。50周年の節目を機に4教室が相互の絆を一層深め、大きな輪を築いていってほしい」と祝辞を述べた。酒井直人区長はじめ区来賓者、尾崎晌全日本合気道連盟理事長の祝辞に続き、東京都合気道連盟藤城清次郎理事長の乾杯で祝宴となった。

来賓38名を含め106名が参集し和気あいあいの中、増田誠寿郎師範育代夫人、中野区体育協会武道団体、東京都合気道連盟加盟団体紹介後、野島正雄理事による閉会の辞で終了となった。また、参加者には植芝守央道主の祝辞を賜った「50周年記念誌」が贈られた。

2019 6/22

防衛大学校合気道部創部60周年記念行事

防衛大学校合気道部は6月22日、創部60周年記念行事をホテルグランドヒル市ヶ谷にて開催した。祝賀会に先立ち、昭和52（1977）年から平成11（1999）年まで師範として指導した植芝守央道主による講話が「合気道の歩みと現況」と題して行われ、合気道に対する認識を深めた。

その後の祝賀会には道主のほか、植芝充央本部道場長、磯山博全日本合気道連盟顧問などの歴代師範、大谷宗司防衛大学校名誉教授などの歴代部長、西正典防衛省合気道連合会会長などの来賓が招待され、OB・現役合わせて160名が参加した。祝賀会の中では、60年の歴史を振り返る趣向を凝らした記念映像が上映され、歓談を盛り上げた。会の最後には、中谷文彦OB会長から岩切宗利合気道部部長に対し、記念品の目録（道主揮毫による扁額）が贈呈され、感謝と感動が溢れる中での散会となった。

2019 6/28〜30

第70回日本東洋医学会学術総会

第70回日本東洋医学会学術総会が6月28日から30日の3日間、西新宿の京王プラザホテルで開催され、植芝守央道主は特別講師として29日招聘された。同総会は会場が5つに分かれており、植芝道主の特別講演の会場には約250名が参集。

本会の会頭である花輪壽彦氏（北里大学名誉教授、北里大学東洋医学総合研究所名誉所長）の挨拶のあと、道主による講演は「合気道とは」と題して1時間行われた。合気道に関するDVDを上映し、その後合気道の理念、歴史などを講演、最後に説明演武を披露し締めくくられた。聴講者の中には初めて実際に合気道を見る方もおり、「東洋医学の観点から興味はあったが、今日の演武を拝見してさらに興味が湧いた」、「演武が想像以上に迫力があり、美しかった」など好評であった。

2019 7/1

令和元年度関東学生合気道連盟新入生講習会

令和元年度関東学生合気道連盟新入生講習会が7月1日に、日本武道館にて開講された。計14校、70名の学生が参加した今回の講習会は、植芝守央道主の指導で行われた。

本講習会は今年度の新入生が合気道に親しむことができ、基本的な動作・技を習得できること、関東学生合気道連盟加盟校間のさらなる結束を目的としたものだ。平日の開催となったものの、全体の参加者の半数の30名が新入生となっ

た。立ち方や座り方、受身の取り方といった基本的な動作や体捌きの確認を経て、技の稽古へと移った。新入生の多くは間近で道主の技を目にし、他大学の学生と組むという機会が初めてで新鮮な刺激になった。上級生も、基本を見直し、いかにして新入生に技を教えるかを学ぶ貴重な機会となった。

2019
7/20

岐阜県合気道連盟発足10周年記念行事

岐阜県合気道連盟は7月20日、植芝充央本部道場長を招き発足10周年の記念行事を開催した。岐阜メモリアルセンターを会場にした植芝本部道場長の指導による特別講習会には、県内のほか愛知、三重、滋賀、静岡、富山、石川、福井、奈良、大阪、東京の各都府県から45団体180名が参集。

2時間の特別講習会は片手取り転換法と諸手取り呼吸法、手首の取り方、腰を引かず力の入る立ち方についても触れ、前半は正面打ち第一教、正面打ち入身投げ、横面打ち四方投げ、肩取り第二教など4級、5級の審査対象となる基本技を通して、入身、転換、転身の体捌きと呼吸力がすべての技に活かされていることを教授。後半では、応用技への関連性と基本を稽古することの大切さを強調した。

特別講習会のあと、都ホテル岐阜長良川での祝賀会では、主催者として潮見元岐阜県連盟理事長が挨拶。植芝本部道場長の祝辞では、10年地道に活動してきたことへの労いと益々合気道の輪が広がることへの期待が述べられた。

2019
7/28

第3回東京都合気道連盟初心者指導法講習会

第3回東京都合気道連盟初心者指導法講習会は7月28日、(財) 港区体育協会、港区合気道連盟協力の下、港区スポーツセンターにて開催した。

開会式は大田勤東京都合気道連盟副理事長司会の下、小林正明副理事長より主催者挨拶があり、会場設営等協力をいただいた港区合気道連盟数家誠司理事長の紹介を行った。

講習は日野皓正本部道場指導部指導員が指導。準備運動、正座、受身の説明を例に「道場の正面に意識を集中すると、正面の前を横切るなどのタブーを防げる」「初心者のいいところを褒める。全体的な動きを指導して、初心者が成功する経験を大切にしてください」とスタート。

体捌きを2人1組となり、「動作を言語化する練習」、つまり実際にしゃべり、初心者に対して言葉で技を説明し動き方を導く練習を行った。隅落とし、四方投裏・表と初心者が受身を取りやすいように段階的な動作が示され、「恐怖心が減れば、体のこわばりも減ります」と初心者を導く際の心構えを説明。正面打ち第一教、入身投げ、座技呼吸法と基本技中心の講習が続き、「初心者が多くの成功体験を積めるよう指導してください」と締めくくった。

2019
8/21、22

令和元年度学校合気道実技指導者講習会

令和元年度学校合気道実技指導者講習会は8月21日、22日東京都千代田区の大妻中学高等学校において、スポーツ庁・(公財) 合気会の共催で行った。今回は14回目となり、参加者はすべて中学・高校の教員18名（保健体育科教員は12名）。

開校式では、植芝守央道主より「現在、国内の中学校で合気道を採用してくださっているところが約50校あります。授業で合気道を採用している学校はまだまだ少ないです。その中で、この実技指導者講習会をスポーツ庁のお力をいただき開催し、少しでも保健体育科の先生に合気道の良さをご理解していただきたいと思います」と挨拶があった。

最初に行われた解説では、関伸夫スポーツ庁政策課教科調査官が「学校体育における武道指導の在り方について」のテーマの下、運動と私生活の関係、保健体育の指導内容などを説明した。

午後に行われた実技①では、日野皓正本部道場指導部指導員が「合気道指導の手引き解説①」のテーマの下、礼の仕方、受身、逆半身片手取り隅落し、相半身片手取り小手返し、座技呼吸法を指導。実技②では梅津翔本部道場指導部指導員が「合気道の手引書解説②」のテーマの下、逆半身片手取り四方投げ（表・裏）、正面打ち大一教（表・裏）を指導した。

２日目は実技③を行い、鈴木俊雄本部道場指導部師範が「合気道授業の工夫」のテーマの下、初日の技の復習の時間や道具を使った指導の仕方、質疑応答などを行った。実技終了後、保健体育科教師による模擬授業が行われた。大妻中学高等学校平野真央先生、東京都立王子総合高等学校佐藤貴先生がそれぞれ40分、大妻中学校の学生を相手に行った。平野先生は礼の仕方、体捌き、受身を指導。佐藤先生は体捌きと受身を確認したのち、逆半身片手取り四方投げ（表・裏）を指導した。

午後は全体討議が行われた。学校現場の現状、評価の仕方、授業展開の工夫など意見を交えた。閉講式では植芝充央合気道本部道場長より「２日間参加いただきありがとうございます。今回の講習会の内容を学校の授業で活かしていただけたらと思います」と挨拶。講義、実技を担当した各講師から講評があり、２日間の講習会は終了した。

2019 8/25

第74回国民体育大会いきいき茨城ゆめ国２０１９デモンストレーションスポーツ合気道

天皇陛下御即位記念・第74回国民体育大会いきいき茨城ゆめ国体２０１９デモンストレーションスポーツ合気道が8月25日、合気会茨城支部道場の敷地内に特設会場を設営し開催された。

演武会に先立ち開会式が行われ、大会名誉会長山口伸樹笠間市長が「県内外、海外の合気道関係者はもとより、大勢の一般の方々も参加していただき、本日の演武大会が開催できることを心から御礼申し上げます」と歓迎の挨拶を述べた。

その後、植芝守央道主は「茨城国体の中で、合気道の演武会が茨城支部道場の敷地で開催されることをとても嬉しく思います。現在、合気道は世界１４０の国と地域に広まっています。昭和36年に開祖植芝盛平翁がハワイへ旅立つ時に銀の架け橋を世界にかけて合気道の和合の心で導き世界を平和な国々にしていくという信念を語られました。まさにその流れが実現しつつあると私は感じております」と挨拶した。

演武会では、県内の保育園、こども園、少年部、中学高等学校、茨城県合気道連盟加盟道場、海外からの参加者約６５０名が演武を行った。演武大会の最後は植芝道主の総合演武で締めくくられた。

2019 9/15

北海道大学合気会合気道部創部30周年記念行事

北海道大学合気会合気道部は創部30周年という節目の年を迎え、9月15日に記念行事として講習会と祝賀会を開催した。

講習会は北海道大学武道場にて大澤勇人本部道場指導部師範ならびに当部第三代ＯＢである伊藤眞指導部師範を招き稽古を行った。現役学生、卒業生、来賓を含め１４７名が出席し師範の指導の下、稽古に励み楽しく汗を流した。

祝賀会はホテルポールスター札幌にて行った。現役学生、卒業生、来賓を含め１７７名が出席。大澤師範をはじめとする多くの来賓が祝辞を述べ、創部時の苦労や今までの歴史を出席者全員で共有できた。また創部30周年を迎えるにあたり、当部の歴史を細かく編纂した記念誌を作成した。

卒業生は昨年で３５０名を超え、その多くが各地で合気道を続けている。「稽古は厳しく仲間を大切に」の良き伝統をこれからも後輩に伝えていきたい。そして歴史的にはまだ若い当部だが、今後の益々の発展を心から祈念したいと北海道大学合気会合気道部奥寺良彦ＯＢ会会長の言葉。

2019 9/21

大塚道場明道館創立65周年記念行事

大塚道場明道館創立65周年記念行事は植芝充央本部道場長を迎え、9月21日に開催した。植芝本部道場長の講習会は文京区スポーツセンター武道場で行われ、大塚道場のほか、中央区合気会、川越道場等から約70名が参加した。植芝本部道場長は講習会で転換、入身、転身、呼吸法によって合気道の技が成り立っていると説明し、基本技を中心に指導。

講習会後の懇親会で、植芝本部道場長は「大塚道場明道館創立65周年おめでとうございます。これからも皆さんの力でこの道場を盛り上げてさらに発展していくことを願っています」と挨拶した。

2019 9/22

群馬合気会創設45周年・第9回群馬県合気道連盟演武大会

群馬合気会創設45周年・第9回群馬県合気道連盟演武大会は9月22日、小林幸光本部道場指導部師範を招いて群馬県総合スポーツセンター武道場において開催した。

開会式では湯浅康平群馬県合気道連盟会長が演武大会の参加者に感謝の意を述べた。続いて小林師範は前回のIAF国際大会の協力への謝辞、来年の第58回全日本合気道演武大会の協力のお願いを述べた。また開会式には橋爪洋介群馬県議会議員、松本基志同議会議員、中島もとひろ前橋市議会議員が来場した。

演武には加盟12団体、大学2校から約120名が参加。各道場共に日頃稽古の成果を存分に思わせる演武を行った。最後は小林師範による演武のあと、荒井俊幸群馬県合気道連盟名誉会長の総合演武で大会は締めくくられた。

2019 10/6

第17回全日本合気道連盟講習会・高知県合気道連盟創立40周年記念演武大会

第17回全日本合気道連盟講習会・高知県合気道連盟創立40周年記念演武大会が植芝守央合気道道主を招き、10月6日に高知市の高知県立武道館で行われた。

開会式では、主催者を代表して岩目建紀県連盟会長、尾﨑晌全日本合気道連盟理事長が挨拶。道主は、高知県合気道連盟は40周年を迎えたが高知県の合気道の歴史はもっと古いとされたうえで、初代高知県支部長である故佐柳孝一師範の功績に触れられ、「合気道の素晴らしさが良い形で次の世代へ繋がっていくよう発展することを願っています」と祝辞を述べた。続いて、西内隆純高知県議会議員、海治甲太郎高知市議会議員が祝辞を述べた。

道主による特別講習会には、高知県合気道連盟に加盟する8道場を中心に高知県内はもとより中国・四国などの近隣県などから約150名の道友が参加。道主に手を取って指導していただく機会の少ない地方で稽古する者にとっては貴重な体験であり、これからの稽古の励みになった。道主は、「それぞれの技はすべて繋がっている。入身と転換、丸い体捌きに呼吸法で養った呼吸力を組み合わせ稽古していくことが大切である」と強調。

休憩のあと、県連盟の主催による創立40周年記念演武大会が開催された。県連盟傘下の各道場による演武をはじめ、高知県内及び中国・四国各県からの参加団体の会員や師範、県連盟会長の岩目師範の演武と続き、最後に植芝守央道主による総合演武が披露された。

2019 10/12

青森県合気道60周年演武大会

青森県合気道60周年演武大会は10月12日、青森市のみちぎんドリームスタジアムで開催。主催は青森県合気道連盟。東北合気道連盟の役員、道友を含め青森県内外から約100名が参加し一層の発展へ向け誓いを新たにした。

演武大会では、田邊孝美青森県合気道連盟会長、米谷恵司理事長をはじめ青森県内各道場が稽古の成果を披露。東北合気道連盟の日高浩会長など東北

各県の代表による招待者演武も行った。

講習会では、大澤勇人本部道場指導部師範の指導により、体の転換、入身、横面打ちへの対応、一教、入身投げ、呼吸法などについて学んだ。

式典・祝賀会では、60周年を迎えたことについて、田邊会長は「和の武道である合気道の精神は、社会生活の中に生き、ひいては世界平和へと繋がっていく。今後も合気道の普及へ一層力を入れていきたい」と述べた。

2019
10/27

日本大学合気道部 創部40周年記念祝賀会

日本大学合気道部（法・経済・商学部）は2019年創部40周年を迎え、10月27日に記念祝賀会を行った。

祝賀会は千代田区市ヶ谷の日本大学桜門会館で開催した。尾﨑晌全日本合気道連盟理事長臨席のうえ、合気道部学生、卒業生、来賓合わせて約70名が出席した。

久しぶりに顔を合わせた卒業生は当時の思い出話に花を咲かせていた。会の終盤で流れた創部当初から現在までを遡るスライドショーでは当部の歴史を振り返ることができた。

2019
11/1〜3

第7回全国合気道指導者研修会

第7回全国合気道指導者研修会は11月1日から3日まで日本武道館研修センターにて開催された。

本研修会は学校教育における合気道の指導法に関する実技と講義を行い、学校における合気道の指導の充実に資することを趣旨に行われ7年目を迎えている。特別講師に植芝守央道主、講師に笠原政志国際武道大学体育学部体育学科准教授、立木幸敏国際武道大学体育学部教授、川城健東京学芸大学非常勤講師、尾﨑晌全日本合気道連盟理事長、林典夫（公財）合気会常務理事、金澤威本部道場指導部師範、森智洋同部師範、日野皓正同部指導員、助講師に梅津翔同部指導員を迎え、保健体育科教員6名、全国の都道府県より連盟関係者68名が参集した。

1日の開講式では主催者として植芝道主が「保健体育科の教員の方々に合気道にご理解をいただき、地域の指導者の方々には外部指導の要請があった場合に対応を取れるよう整えていくことが私どもの役目ではないかと思っております」と挨拶。続いて三藤芳生（公財）日本武道館理事・事務局長より挨拶があった。

研修会は植芝道主による講義・稽古で始まった。合気道の歴史、稽古方法、技法の説明があり、実際に稽古を行い、どのように稽古が展開されているか示した。続いて笠原准教授、立木教授による「指導現場における緊急時対応計画の必要性」の講義。学校現場における生徒の事故やスポーツ外傷・障害の発生時、応急的な対応を実際に行うのは教員・指導者だと説明。

2日は梅津指導員による中学校合気道指導法①、日野指導員による中学校合気道指導法②が行われ、保健体育科教員と学校関係者を対象に中学校武道授業に即した各技の技法説明が行われた。また都道府県連盟関係者は尾﨑理事長の司会進行による全国指導者研修①に出席し、「怪我発生時における緊急対応」を議題にグループに分かれてブレーンストーミングを行った。午後は、川城非常勤講師による【生涯スポーツ】に繋がる武道『合気道』の授業の講義を行い、道場と体育授業における指導の違いを明確にすることを強調した。続いて金澤師範による中学校合気道指導法③を行い、3年次を対象にした技法の指導を行った。なお、実技①②③

では昨年10月に発行された合気道指導の手引第3版を元に行った。

3日は林常務理事司会進行の下、全国指導者研修②を行った。三浦敏仙台市錦ヶ丘中学校教諭、福田豊仙台市蒲町中学校教諭による実践例報告があり、合気道の授業を始めた経緯、授業内容、生徒の反応を詳しく説明した。また金澤師範から複数種目を想定した際の3時間分の指導案の解説があった。閉講式では受講者代表に終了証を渡した。

2019
11/1〜4

神奈川県合気道連盟 台湾新北市合気道会と姉妹会締結

神奈川県合気道連盟は台湾最大の都市である新北市の合気道会と姉妹会締結のため、神奈川県議会議員の松田良昭神奈川県合気道連盟会長、武田義信理事長をはじめ総勢41名で、11月1日より4日まで台湾を訪問した。

11月2日の午後1時より、新北市板橋小学校体育館において日本側は松田県連会長および武田理事長、台湾側は張漢東新北市合気道会創会会長、王仁吉会長が姉妹会締結書に署名、立証人の新北市議会蒋根煌議長、林国春市議会議員の立会いの下、締結書の交換を行った。

その後、五十嵐和男県連副理事長、台湾合気道協進会・王武雄七段、武田理事長の3名の指導による講習会があった。講習会には、県連41名、台湾からは80名が参加した。講習会後、同市内のレストランで、姉妹会締結記念祝賀会が、百名を超える出席者の下、盛大かつ賑やかに行われた。

翌3日午後、台北市南港運動センターで台湾合気道協進会主催の「一〇八年全国中正杯中日演武大会」が開催され、台湾全土から30団体450名、県連の41名が、多くの観客の前で演武を行った。

2019
11/3

三重県合気道連盟 設立10周年記念特別講習会

三重県合気道連盟設立10周年記念特別講習会は11月3日、植芝守央合気道道主を招き、三重県の津市産業・スポーツセンター（サオリーナ）において開催した。道主の特別講習会には県内加盟道場に通う門下生他、大阪府連盟、愛知県連盟、岐阜県連盟、奈良県連盟、滋賀県連盟の県外からも多くの参加もあり、総勢250名以上が参集。

講習会に先立ち道主より「三重県合気道連盟のように地域の道場がまとまり、輪を充実させてゆく活動は大いに意義のあることと思います」と挨拶。

特別講習会は、転換法に始まり、また技を通して入身転換の体捌きの重要さを指導。その後も第一教、四方投げ、小手返し等の基礎・基本の技を立法、座法で指導され、技と技が繋がっていること、技の動きを確実に習得すれば変化に対応できる応用的な技にも通じることを強調した。

2019
11/9、10

令和元年度植芝盛平翁 顕彰事業・田辺ツアー

令和元年度植芝盛平翁顕彰事業は11

月9日から10日にかけて和歌山県田辺市にて行われた。また、第32回全国健康福祉祭和歌山大会ねんりんピック紀の国わかやま２０１９が同日行われた。

9日は少年部の稽古が小山雄二本部道場指導部指導員の指導により田辺市体育センターで行われた。参加者は約70名。続いて植芝守央道主特別講習会が行われ、和歌山県をはじめ関西地区を中心に幅広い地域から１６３名が参加。講習会終了後、紀南文化会館にて、ねんりんピック「合気道・弓道交流大会開始式」が行われた。その後、道主を囲んでの交流会が行われた。

10日は植芝盛平翁を偲ぶ会が開祖菩提寺の高山寺で行われ、読経の中、植芝道主夫妻をはじめ参加者が焼香し、法要後に墓参りした。

その後、ねんりんピック合気道交流大会が行われ、植芝道主より「第32回全国健康福祉祭和歌山大会ねんりんピックが和歌山県で開催され合気道の交流大会が開祖生誕の地であります田辺市で開催されますことを大変嬉しく思っております」と挨拶があった。北海道から山口県まで約１１０名の参加者が演武を行い、締めくくりとして、植芝道主の総合演武で無事閉会した。

ツアーの参加者はその後田辺市市内を観光し、全日程を無事終了した。

2019 11/16

防衛大学校合気道部創部60周年記念演武大会

防衛大学校合気道部創部60周年記念演武大会は11月16日、植芝充央本部道場長を迎えて防衛大学校合気道場で開催された。現役部員とＯＢ・ＯＧに加えて、招待大学6校と海上自衛隊横須賀基地合気道部から総勢約１２０名が参加。演武大会に先立ち、植芝本部道場長の指導の下で合同稽古が1時間行われ、約90名が共に汗を流した。

演武大会の開会式では、岩切宗利合気道部部長より「60年目を迎えるにあたり、支えていただいた合気道部ＯＢ会、他大学の皆様には大変感謝しております」と開会の挨拶を述べた。演武会に移り、同校合気道部指導者である松村光本部道場指導部指導員の演武で始まり現役学生による演武、招待校の賛助演武、卒業生演武、主将演武と進行し、最後に植芝本部道場長による総合演武で盛会のうちに締めくくられた。

記念祝賀会には約60名が参加。岩切部長の挨拶のあと、植芝本部道場長より「これからもしっかりと稽古をして、より良い形で合気道部を次に繋げていけるようにしていっていただきたいと思います」とお祝いの言葉を述べられた。その後、二宮啓彰ＯＢ会長の発声で乾杯が行われ、最後には野村将大65期主将による万歳三唱で祝賀会は終了した。

また17日には植芝本部道場長が防衛大学校合気道部の指導を担当して10年の節目を迎えるということで、防衛大学校から感謝状が贈られた。

2019 11/17

北海道合気道連盟北海道強化練習会

北海道合気道連盟は11月17日、千歳市開基記念総合武道館にて令和元年度北海道合気道強化練習会を開催した。

昨年度までは本連盟会員の高段者を講師として実施してきたが、今回初めて日野皓正合気道本部道場指導部指導員を招き講習会を行った。初級者に対する指導は各加盟道場にとって日常的でしかも重要な役割で、今後の地道な普及の継続のため基礎的な内容を確認、復習する機会としたいとの趣旨の下、主に初級者に対する稽古指導を中心とする内容とした。

講習会には、学生合気道連盟を含む85名の会員が参加し、今後の稽古の新たな目標の得られる機会となった。

訃報

渡邊信之
元本部道場指導部師範
令和元（２０１９）年
8月20日逝去
享年89歳

三宅幸廣
（公財）合気会評議員
令和元（２０１９）年
9月29日逝去
享年90歳

ご冥福をお祈り申し上げます

地にお参りした。第一次世界大戦時、日英同盟による英国の要請により輸送船団護衛のため日本から派遣され、独軍の潜水艦によって撃沈された駆逐艦「榊」の将兵たちの慰霊碑に手を合わせた。百年以上も昔にはるか彼方の日本から地中海までやってきて、無念にも撃沈された将兵たちの心を思うとただ沈黙するのみであった。合掌

故藤本洋二八段が 40 年間指導した道場

イタリア「合気会ミラノ」訪問

5月 30 日イタリアのミラノへと向かった。私が大学を卒業してから5年間、多田宏本部師範の下で合気道の修行をした国である。

ミラノにある道場「合気会ミラノ」は、この地で 40 年間指導と普及活動をされ、7年前に他界された藤本洋二八段が指導していた道場である。

挨拶に行くと、大勢の訪問にも関わらず責任者のラウラ氏、指導者のチンツィア氏が温かく迎えてくれて懐かしく談笑した。会員たちも皆元気で稽古しているのを見て、天国の藤本師範もこれで一安心と喜んでおられると確信した。

世界最古の共和国を初訪問！ 参加者百名超

サンマリノ講習会

翌日リミニ経由でイタリア半島の中東部に位置するサンマリノ共和国に入り、6月1日、2日の2日間、計6時間の講習会を無事に終えた。この講習会は指導者のウーゴ・モンテベッキ六段より4年前から依頼されていたものであり、参加者は 100 名を超え大盛況であった。遠く南イタリアのナポリから参加した有段者もいた。

また地元のテレビ局も取材に訪れ、インタビューを受けた。このサンマリノの講習会の前身は 2001（平成 13）年より十数年にわたり藤本師範が毎年定期的に指導されていた講習会である。

見取りで技を示範する野本師範

サンマリノの面積は東京 23 区の 10 分の1の超ミニ国家であり、また世界最古の共和国でもある。

このように今回は面積も人口的にも小さな国での講習会であったが、我々『七人のサムライ』の訪問を大歓迎してくれた。

我々の会は、マルタ、サンマリノ、イタリアのみならず、キューバ、インドネシア、フィリピンでも積極的に指導支援活動を行っている。海外の道友たちと合気道を通じ、言葉、習慣は違えども、同じ空間で一緒に汗をかくという非常にプリミティブな喜びを今後も分かち合っていきたいと考えている。

マルタ島の海のレストランにて

特別寄稿

マルタ、サンマリノ、イタリア、キューバ、インドネシア、フィリピンで指導支援活動
海外の道友と合気道を通してプリミティブな喜びを分かち合う！

『七人のサムライ』マルタ・サンマリノ紀行

里見八顕会師範　野本　純

■野本　純プロフィール
1970（昭和45）年早稲田大学に入学と同時に早大合気道会に入会。3年生の時、主将を務める。卒業後、多田宏本部師範が主任教授を務めるイタリアにて5年間合気道修行をする。1985（昭和60）年千葉県市川に里見八顕会を創立。2020（令和2）年に35周年を迎える。現在は国内15のグループ道場と共に合気道を通じての少年少女育成、海外の発展途上道場への支援普及活動を続けている。

地中海の宝石、マルタ島で初の参段、弐段誕生

マルタ講習会

私、野本は日向六段、塚田五段、轟五段、大槻五段、澁谷四段、御簾納参段の６名を伴い、ヨーロッパのマルタ共和国、サンマリノ共和国での合気道講習会指導を行った。2019（令和元）年５月26日に成田を出発、ローマで乗り換えて１時間半でマルタに到着。責任者ケビン・ボナンノ氏の出迎えを受けた。

彼との出会いは2018（平成30）年11月が初めてで、今回は２回目の訪問であった。このきっかけは、それより数年前にマルタ島で語学研修をしていた早稲田合気道会OB山中００氏が現地でボナンノ氏と知り合い、２～３週間にわたり稽古指導したことによる。

そして将来の指導者として山中氏が私を推薦してくださり、数年間ボナンノ氏の熱心なる訪問の誘いののち、ようやく実現した。

それ以来、共に「合気会マルタ」創立のため、何度も話し合い、合気会国際部協力の下、めでたく設立が実現した。

講習会初日はマルタ共和国外務省対日責任者アンドレ・スピテリ氏がレセプションに参加してくださった。５月27日と29日の２日間の講習会が行われ、参加者は30名であった。最終日に審査が行われ、マルタ共和国で初めての参段と弐段が誕生した。

マルタは地中海の宝石と呼ばれ、大変風光明媚な島である。マルタ騎士団によって建てられた豪華絢爛な内装の大聖堂がある。地理的にはイタリアのシチリア島の南に位置し、面積は東京23区の半分の大きさである。言語はマルタ語と英語が公用語でイタリア語も話されている。

我々はまた稽古の合間に旧日本海軍戦没者墓

サンマリノで講習会の参加者と記念写真

合気道 ワールドレポート

先生方の地道な指導の成果により、
現在合気道の輪は世界 140 の国と地域にまで広がっています。
各国での活動報告の一部をご紹介します。

2019.9.4 〜 11
カルフォルニア合気道アソシエーション、道主特別講習会

カルフォルニア合気道アソシエーション（CAA）は9月4日から11日まで、サンフランシスコに道主を招聘して道主特別講習会を開催した。講習会は6日から8日まで市内の体育館で行われ、アメリカ国内31の州に加え、ヨーロッパや南米、アジア、遠くはエチオピアなど13か国より約750名が参集した。

講習会に先立ち行われた開会のスピーチでは、CAA代表であるパット・ヘンドリクス師範より、道主の訪米と合気会のCAAに対するサポートへの感謝が述べられた。また、道主より「このように大勢の方がお集まりになり、盛大に講習会が開かれますこと、本当におめでとうございます。サンフランシスコ訪問は15年ぶりで、懐かしい顔ぶれもたくさんおります。稽古では基本を確認すると共に、多くの方と交流を深めていただきたいと思います」と挨拶を述べた。

3日間で4回行われた講習会で、道主は入身投げや第一教などの基本技を正面打ちや横面打ち、片手取り等基本となる取り口で展開。入身と転換、横面の捌きに呼吸法で養った呼吸力を組み合わせ稽古していくことが大切と強調した。10名程の少年部も混じる中、参加者は大粒の汗を垂らしながら和気あいあいと最後まで講習会を満喫した様子。道主は講習会の最後に半身半立ちの演武を披露。万雷の拍手をもって、講習会は無事に終了した。

7日には懇親会が催され、約400名がパーティー会場を埋め尽くした。会の終盤にはカルフォルニアにおける合気道の普及発展において、州政府より道主へ感謝状が贈られた。

今回の行事にはCAA草創期の80歳を超える方々も参加し、道主との再会を喜ぶ姿も見られた。また行事運営を40代が中心となって行ったとのこと。年齢を超えて結ばれる合気道の和を感じさせるものがあった。

2019.7.13 〜 21
フランス FFAB 主催夏季講習会

フランス FFAB 主催の夏季講習会が7月13日から21日までフランス・ブリタニー地方のレスネバン市、ケルジェゼッケル・スポーツホールで行われた。田村信喜師範が山田嘉光師範を迎えて長年開催されてきた講習会であり、植芝守央道主は10年前に招待を受けた。田村師範逝去後もニューヨーク合気会山田師範とFFAB執行部によって伝統を守られてきて今回が第41回目。入江嘉信本部道場指導部師範も山田師範の要請を受けて指導を行った。

講習は午前の部を山田師範と入江師範が指導担当。午後の部を菅敏朗師範はじめとするFFAB指導部の高段者が担当した。田村瑠美子夫人も変わらず精力的に稽古されていたとのこと。

2019.7.26 ～ 28

オランダ 60 周年記念講習会・演武大会

オランダでの合気道 60 周年記念講習会及び演武大会は、7 月 26 日から 28 日にかけて、アムステルダムにて植芝充央本部道場長出席の下で開催された。

アルメールスポーツセンターで行われた講習会では、はじめに主催者を代表してウィルコ・フリースマン氏が植芝本部道場長を紹介。植芝本部道場長は挨拶を述べたあと、講習会の指導に移った。講習会には、オランダのみならず、近隣諸国より 20 か国から約 600 名が参加し、1,500 畳の会場で共に汗を流した。植芝本部道場長は、26 日、27 日の稽古では体捌きがどのように技に活かされているかを、基本技を中心に指導。

27 日午前には、ヨーロッパ合気道連盟（EAF）の会議が行われ、植芝本部道場長も出席。会議にはヨーロッパ 20 か国の代表者が参加し、EAF の設立について話し合われた。

27 日の夜には祝賀会が行われ、講習会参加者をはじめ約 100 名が参加した。祝賀会には来賓として Andre Bolhuis 前オランダオリンピック委員会会長が出席。

28 日午前の稽古では講習会のまとめとして、基本技から半身半立ち技といった応用技も行い、3 日間の講習会は終了した。また今回の講習会にはオランダ国内の団体に関係している 9 名の師範がそれぞれ 1 コマ担当した。

28 日午後には演武大会が行われ、オランダ以外からの参加者も団体演武を行い、会の締めくくりとして植芝本部道場長が総合演武を披露、大きな拍手に包まれ、大会は終了した。演武会には来賓として猪俣弘司駐オランダ日本国大使、Anneke van Zanen-Nieberg オランダオリンピック委員会会長が出席。また、演武会の最初には、車椅子の方による演武も行われ、ハンディキャップを持った方が合気道を修行できるよう積極的に取り組んでいる様子がうかがえた。

2019.8.9 ～ 16

昭友館合気会講習会

伊藤眞本部道場指導部師範は 8 月 9 日から 16 日までフランス・ニースでの昭友館合気会の夏合宿で稽古指導を行った。土曜の午後から翌週木曜日の午前まで、午前午後 1 時間半ずつの稽古を担当。朝 1 時間の武器稽古は、ダニエル氏が担当した。

地元ニースの参加者をメインに、パリ近郊、コルシカ島などのフランス国内、またスイスやドイツ、オランダ、ロシアからも参加者があり、総勢 100 名程が汗を流した。最終日に審査を行った。ダニエル氏は、フランス国内はもとより、マダガスカル、モロッコ、ブラジルなどでも指導を行っており、昭友館の活動がさらに広がっていくことが期待される。

2019.9.4 ～ 9

メキシコ・オリンキ会講習会

佐々木貞樹本部道場指導部師範は 9 月 4 日から 9 日までメキシコ合衆国メキシコシティにて、オリンキ会（マニュエル・ヘルナンデス代表）主催の講習会で稽古を行った。

講習会はメキシコシティ内のオリンキ会道場とメデスティアーノ・カレンツァ・スポーツホールで行われ、オリンキ会及びメキシコ国内の他 10 道場から大人と子供を合わせて約 110 名が参加した。稽古は 4 日間で約 3 時間ずつ計 8 回行われた。

2019.8.18 ～ 23
BAF サマースクール

英国合気道連盟（BAF）は8月18日から23日まで英国・チェスターのチェスター大学を会場にしてサマースクールを開催した。長年にわたりBAFの技術専門委員を務めていた金塚稔師範が2019（平成31）年3月に逝去されたことに伴い、今回のサマースクールにおいて金塚師範を偲んでセレモニーが行われた。また多くの場面で生前の金塚師範の思い出話が語られた。

参加者は英国の他、スコットランド、オランダ、ドイツ、カナダ、トルコなどから130名が登録、大学の宿泊施設に宿泊し、合宿生活を行った。講習会の指導は、金澤威本部道場指導部師範をはじめ、BAF技術専門委員のマシュー・ホーランド七段、ドン・モーガン六段、イアン・マクラーレンス六段、ピーター・ギラード六段が担当した。期間中様々な指導者の指導を受け、参加者は充実した稽古を行うことができた。

昇級審査と昇段審査が日を変えて行われた。級の審査はBAF審査委員会が、段の審査は金澤師範とBAF審査委員会で行い、昇段審査では初段6名、弐段6名、参段5名、四段1名が合格した。

2019.8.24、25
タイ・バンコク練武館道場20周年記念大会

タイ・バンコク練武館道場20周年記念大会が8月24日、25日の両日、タイのバンコクで開催された。

深草基弘師範が赴任以来55年になろうとしており、当初からの仮道場より移転後、練武館道場として登録し20年を迎えた。タイ国内にはすでに多数の道場が存在している。どこの地でも合気道普及と共に生ずることであるが合気道本来の姿から遠のいていくことがあり、バンコク在住の深草師範、西村師範の責務として練武館道場が重要視される。

今回の行事では8月24日午前午後で6回の稽古、25日は午前中の3回、午後は総合演武会で終了。周辺国14か国より60名以上の参加（うち日本から8名）タイ国内を合わせて120名以上の参加者で活気に満ちた大会であった。

2019.9.4 ～ 11
ブルガリア・至優館道場講習会

桜井寛幸本部道場指導部師範は9月4日から11日まで、ブルガリア・カムチアで開催された至優館道場講習会にて稽古指導を行った。

講習会にはブルガリア数都市およびルーマニア、モルドバ、オランダから約90名が参加した。金土日で6回の稽古、最終日は初段から四段まで8名の審査を行った。

2019.9.5 ～ 11
オランダ秋季講習会

小林幸光本部道場指導部師範は9月5日から11日まで、A・N（合気道ネザーランド、W・フリスマン六段）の秋季講習会にて稽古指導を行った。会場は、すべてのスポーツ施設を有す、同国を代表するオランダ・パーペンダル市の国立スポーツセンター。

講習会には会員約100名が参加し、週末の3日間は午前3時間、午後3時間の講習を行った。最終日はアムステルダム市内の道場で、約30名が参加して2時間の稽古を行った。

2019.9.5～11

チェコ・合気道・アソシェイション講習会

藤巻宏本部道場指導部師範は9月5日から11日まで、チェコ・合気道・アソシェイション（CAA）の講習会にて指導を行った。

チェコからの参加者はもとよりセルビア、オランダ、スロバキアの23道場84名が集まり、週末を利用して計8回の講習を行った。講習は基本技から応用技に進むという形で進行し、ほとんどの参加者が8回すべての講習に参加した。会場はプラハ市内のTJスポーツ体育館。以前スイスで指導されていた池田昌富師範の下、26年前に立ち上げたというこのCAAが、今後どのように発展してゆくのか楽しみである。

2019.9.12～17

オスロ合気道クラブ講習会

栗林孝典本部道場指導部師範は9月12日から17日まで、ノルウェー合気会傘下オスロ合気道クラブ（エリック・ヴァーネム四段）の講習会にて、稽古指導を行った。

講習会はノルウェーの首都オスロ郊外にある小学校の体育館に畳を敷き詰めて行われた。ノルウェー国内各地の19の道場からの参加者はもとより隣国デンマークはじめ、オランダ、スペイン、ポーランド、そしてはるばるベトナムから総勢80名が集まり、3日間にわたり稽古に励んだ。また長年本部道場で修行に励んでいたディディエ・ボイエ師範もフランスから駆けつけた。

2019.9.13～15

スイス合気会50周年講習会・演武会

スイス合気会50周年講習会・演武会は、9月13日から15日までスイスのザンクトガレンのアスレチックセンターにて、植芝充央合気道本部道場長を招き行われた。

10か国から約500名が参加した講習会には、植芝本部道場長をはじめドイツより浅井勝昭師範、フランスよりクリスチャン・ティシエ師範、スイス合気会より菅原美喜子師範、現地の指導者4名が担当した。また期間中、スイス合気会の池田昌富師範も来場した。

植芝本部道場長は、稽古では入身・転換・転身の基本動作から技が成り立っていることを確認したあとに、転換法をはじめ、正面打ち、横面打ち、片手取りなど様々な取り方の基本技を中心に展開した。1つの技を個別に考えるのではなく、基本動作を元にすべての技が繋がっていることを意識して稽古することを強調して指導した。

演武会はスイス合気会の少年部、一般会員、指導者、菅原師範、ティシエ師範が行った。最後は植芝本部道場長による総合演武で演武会は締めくくられた。

演武会終了後は同センター内で祝賀会が行われた。また演武会、祝賀会には在スイス日本大使館、下飼手一郎日本広報文化センター所長が来場した。

2019.9.25～30

ジャカルタ・IKIRU 道場・指導稽古

入江嘉信本部道場指導部師範は9月25日から30日までジャカルタ・IKIRU 道場にて、指導稽古を行った。

26日夜、地元バリ合気会傘下の KAMI 道場と交流稽古を行った。参加者は50余名。翌日、ジャカルタに戻り昇段審査を行い、その後1時間半指導稽古を行った。

27日、28日の両日には、道場メンバーはもとより他団体も参加して講習会・演武会を行った。

2019.9.28、29

合気道合気会ウクライナ協会セミナー

森智洋本部道場指導部師範は9月28、29の両日ウクライナにて合気道合気会ウクライナ協会のセミナーを指導した。会場はキエフ市内の協会の本部道場。大人が約80名、子供が約120名参加した。講習会では4回の稽古と1回の審査を行った。

森師範にとってウクライナは21年ぶりの訪問になる。久々に再会した代表のイーゴリー氏は現在62歳だが21年前も真白な白髪であった。同氏はチェルノブイリ原発事故後、政府の命令で退避地域に取り残された子供たちの救助の任務にあたった。その数週間後、黒髪は完全な白髪に変わってしまったそうだ。ただ、それ以外の健康被害はなく、現在も元気に合気道を続けている。森師範は、同氏が21年前の放射能被害にあった子供たちに合気道を通じて貢献したいと言っていた言葉を思い出した。

2019.10.3～8

AAI ポーランド講習会

桜井寛幸本部道場指導部師範は10月3日から8日まで、ポーランド・オルシュテインでの AAI ポーランド講習会で稽古指導を行った。

4日の夜、約70名が参加して代表のトーマス・クジャノフスキ氏の道場にて1時間の通常稽古。5日、6日のセミナーは2～3時間の講習会を3回行った。国内の他団体、海外のロシア、リトアニア、ルーマニア、モルドバ含めて約120名の参加もあった。

2019.10.12、13

ミャンマー・マンダレー道場20周年記念行事

ミャンマー・マンダレー道場20周年記念行事が10月12日、13日の両日開催された。ミャンマーは1958（昭和33）年7月から1961（昭和36）年まで山口清吾師範が国の派遣で国防軍を指導された。それ以前1953（昭和28）年、村重有利師範及び黒石公男氏がこのマンダレーの警察学校へ日本の戦争賠償に代わる文化供与使節として合気道指導に派遣されている。その後しばらく間が空き、現地のウー・マイセン五段が道場開設後20年、現在の主宰者であり技術顧問であるタイ国在住の深草基弘師範が指導を務めた。
参加者は現地会員をはじめ、東京武道館合気道研究会、JICA 合気道部、深谷合気道同好会、松戸青雲塾、江東区合気会等の代表者及び海外在住を含む11名の日本人他、タイ、シンガポール、マレーシア、グアム、スコットランド等から2日間共に50名程が参集。
開催に当たり深草師範から挨拶ののち、初日午前中はウー・マイセン氏、大塚雅康師範、粟飯原隆師範、午後は福島清三郎師範と峰岸睦子師範が指導。
2日目は深草師範と山田淳師範でセミナーは完了。午後は各国代表による演武会を行い、記念行事は終了した。

2019.10.17～22
インド・ニューデリー合気道道場講習会

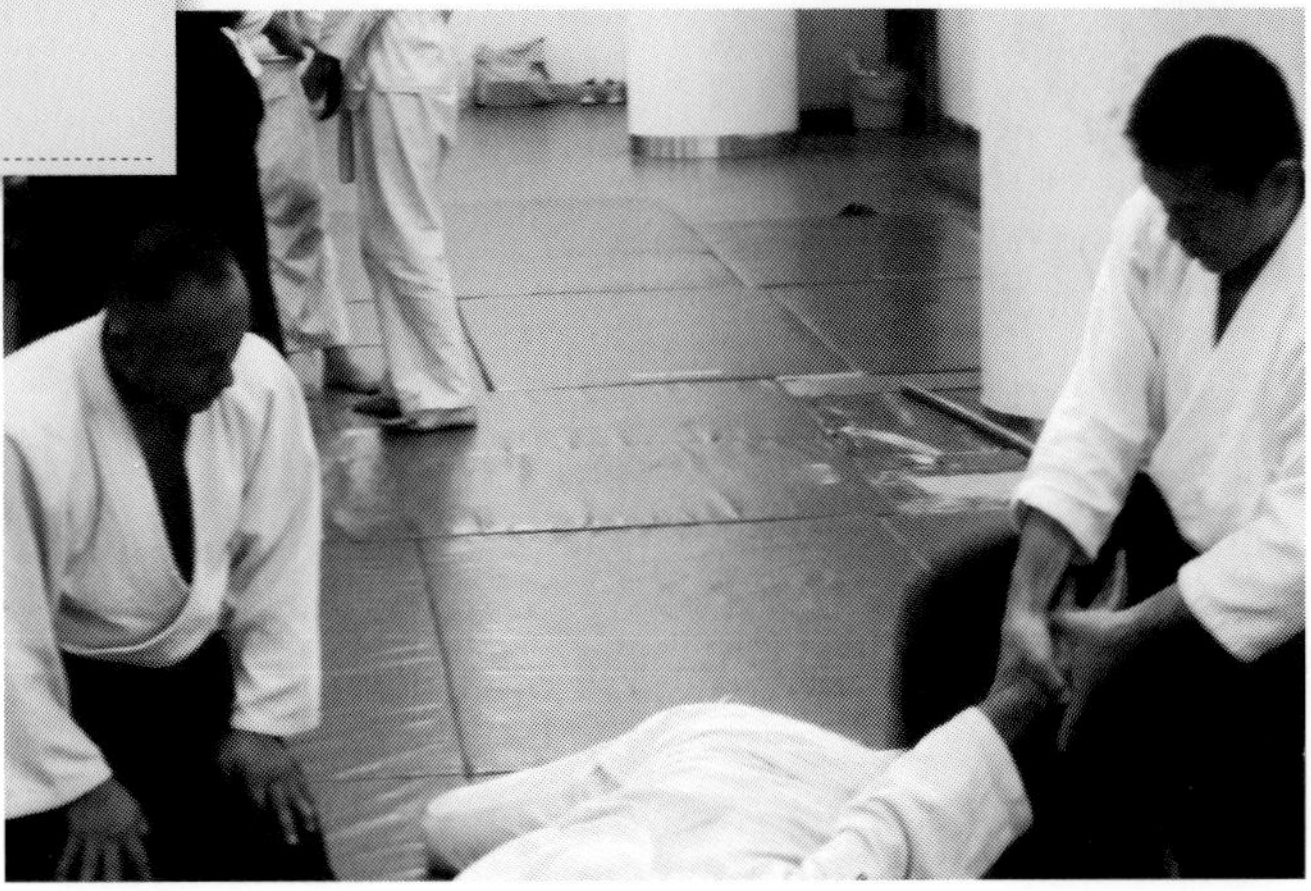

10月17日から22日まで、藤巻宏本部道場指導部師範はインドのニューデリー合気道道場（カー・パリトス代表）にて講習会を行った。

18日の夜から週末の19日、20日を利用しての講習会で、約2時間の稽古を4回と、昇級・昇段審査を行った。会場は市内のテアグラ・スタジアムの武道場。

ニューデリーで稽古する会員以外にも、チェンナイ、ムンバイからも参加があり、約70名が共に汗を流した。特に目立ったのは、日本人の会員が増えていることで、パリトス代表はこれから積極的に日本人の会員を育ててゆきたいと語った。

講習の内容は、有段者と初心者が約半々だったこともあり、基本から応用まで幅広く行った。

審査は最終日に6級から参段まで行われた。24名が昇級し、初段、弐段、参段それぞれ1名が合格した。

2019.10.17～22
フランス・CSC合気道クラブ講習会

桂田英路本部道場指導部師範は10月17日から22日まで、フランス・ジャンで開催されたCSC合気道クラブ講習会の指導を行った。

ジャンは陶器で有名で、古いお城や運河で風光明媚な街である。近隣からも参加があり約100名の講習会となった。3度目の訪問で稽古はスムースに進行し、考え、動き方を共有できた。どの国でも独自の文化があり、講習の進め方から食事、体の動かし方まで微妙に違ってくる。各々の国に合わせながらも、こちらにも合わせてもらう、共有していくという作業が必要である。

2019.10.18～21
モンゴル巡回指導

日野皓正本部道場指導部指導員は10月18日から21日まで、本部道場巡回指導の一環でモンゴルにて指導を行った。

19、20日、ウランバートル市内にある日本語学校柔道場で午前午後と1時間半の稽古を4回行い、モンゴル合気道連盟の会員が少年部15名を含め約30名集まった。20日午後には初段、弐段、参段各1名の審査を行い、全員合格とした。

また、20日には正午より1時間、会員有志による稽古会が行われた。今回参段審査を受けた会員が今年新たに開設した道場で行われた。丁寧に自作した様子のある気持ちの良い道場で、少年部の稽古を中心に活動しているとのことである。

今年で4年目の派遣となったが、今年は現地の代表者の仕事が多忙であったり体調が芳しくなかったりで、会員による自主稽古が多かったようだ。それでも特に今回は審査を控えていたこともあり、参加者は熱心に指導に向かっていた。昨年同様、受身を通して身体を練り上げる感覚を掴み、形稽古の在り方まで意識が届いていけば今後益々、稽古の環境が整っていくであろう。また少年部会員の増加も見受けられた。

2019.10.19 ～ 27
ベルギー合気会、ルクセンブルクFLAM合気会、フランスFFAAA講習会・演武会

ベルギー合気会、ルクセンブルクFLAM合気会、フランスFFAAAは10月19日から27日まで植芝充央本部道場長を招いて講習会及び演武会を開催した。

ベルギーでは講習会に先立ち18日にブリュッセルの欧州議会を訪問。フレデリック・ライズ欧州議会議員と対談したのち、会議場を見学した。

19日から20日、本部道場長による講習会が行われ、参加者は約500名。19日の講習会後は演武会が行われた。初めに主催国の少年部が演武を行ったあと、ベルギー、ルクセンブルク、フランスの参加者が演武。最後に本部道場長による総合演武で締めくくられた。講習会にはValerir Glatignyスポーツ大臣も来場した。また、演武会には下川眞樹太在ベルギー日本大使が出席した。

22日はルクセンブルクにて2時間の講習会が行われた。平日に関わらず参加者はルクセンブルクだけでなく近隣からもあり、約220名。

22日にはペタンジュ市役所を訪問。Mellina市長と対談した。

23日には在ルクセンブルク日本大使公邸を訪問。レセプションが行われ、その際に菊池孝久参事官からルクセンブルクFLAM合気会に対して在外公館長表彰式が行われた。

26日から27日までフランスで2時間の講習会が計4回行われた。稽古では入身、転換、転身、呼吸法から技が成り立っていることを確認したのち、転換法をはじめ、正面打ち、片手取り、後両手取りなど様々な取り方の基本技を中心に稽古が展開された。

ベルギー、ルクセンブルク、フランス共に白帯が積極的に稽古に参加している印象が強く、今後今まで以上に若い世代の活躍が広がっていくことが各国のさらなる飛躍に繋がると感じた。

2019.10.31 ～ 11.5
ギリシャ合気道連盟講習会

栗林孝典本部道場指導部師範は10月31日から11月5日まで、ギリシャ合気道連盟主催講習会の稽古指導を行った。

講習会は11月1日夜に市内の「Ren Shu Kan」道場にて有段者稽古から始まり、2日と3日は2004年のアテネオリンピックの会場となったオリンピック記念総合運動場一角にある武道場で行った。アテネだけでなくギリシャ国内各地からの参加者もあり、ギリシャ第二の都市テッサロニキのメンバーも含め120名が参加。また、隣国ブルガリアやトルコ、イタリア、ハンガリー、遠くはベルギー、ロシアからも参加者があった。特に女性の講習会参加者がとても多く見受けられた。

2019.11.6～13
オーストリア武道代表団演武大会・表敬訪問

日本・オーストリア友好150周年記念事業令和元年度オーストリア共和国派遣日本武道代表団は、11月6日から13日までウィーンに滞在し演武大会や表敬訪問を行った。現代武道9道と古武道3流派による総勢75名での訪墺で、合気道からは菅原繁本部道場指導部師範、日野皓正、鈴木昂平両同部指導員、田中響（東京都市大学4年）、東筌大（東京理科大学神楽坂3年）、岡本大生（日本体育大学2年）が代表として派遣された。

7日はウィーン日本人国際学校にて代表団の演武と体験ワークショップを行い、児童・生徒30名に加え、その保護者と学校職員ら20名が観覧・参加した。夜には在オーストリア日本大使館主催による歓迎パーティーが行われた。開催にあたり、小井沼紀芳大使が歓迎の挨拶を述べた。続いて高村団長の挨拶があり、（公財）日本武道館より記念品が贈呈された。

8日は各道・流派の代表による市内視察と現地スポーツ省への表敬訪問を行った。同時に各道・流派代表以外の団員によるセミナーと演武大会を国立スポーツセンターにて行い、剣道代表の長尾進先生による講演と各道・流派の団員による演武を披露した。観覧は70名。

9日はそれぞれ現地団体との交流指導稽古の日として、合気道はオーストリア合気道連盟との交流稽古を行った。市内スポーツ施設にて菅原師範の指導により午前午後1時間半ずつの稽古があり、参加者は延べ80名。連盟総責任者の吉田順一師範らによる歓迎を受け、団員の学生たちは黙々と稽古に取り組みつつ現地会員との交流を楽しんでいる様子であった。

10日は本派遣の目玉となる演武大会を開催した。普段はアイスホッケー場として使われているエルステ・バンク・アリーナにて、観衆4千名が参集し客席を埋め尽くした。開会式では高村団長が主催者挨拶。続いて小井沼大使と現地スポーツ省代表が来賓として挨拶を述べた。演武のあとには体験ワークショップが開かれ、子供を中心に観覧者のほとんどが参加。

2019.11.8～10
ウラジオストク・極東合気会講習会

金澤威本部道場指導部師範は11月8日から10日までの3日間、ロシア合気道合気会連盟の傘下としてウラジオストクで活動している極東合気会の講習会にて指導と昇段審査を行った。

講習会は極東連邦大学を会場に行われ、参加者は地元のウラジオストクのほか、ロシア国内のハバロフスク、イルクーツク、グラゴベシェンスク、バシュコルトスタンのウファからも駆けつけた。

期間中一般クラスが5回、有段者クラスが1回、子供クラスが1回行われ、一般クラスには毎回約60名、有段者クラスには極東合気会の12名が参加。また子供クラスには地元の子供たち60名も参加した。

子供たちは慣れない日本人の指導に、緊張しながらもはつらつと稽古していた。

昇段審査では、初段3名、弐段2名が合格した。

2019.11.25～12.2
カンボジア巡回指導

梅津翔指導部指導員と有馬隼人同部指導員は11月25日から12月2日まで、本部道場の東南アジア巡回指導の一環としてカンボジア合気道協会（CAA）にて指導を行った。

11月25日から29日までシェムリアップに滞在し、3か所の道場で1時間半の稽古を計4回行い総勢15名が参加。現地のフランス人学校で少年部の稽古を1回行い、4名の子供が参加した。28日には弐段2名、初段1名の審査を行い、全員合格した。

29日、プノンペンへ移動し、オリンピックスタジアム道場で1時間半の稽古を計4回行った。カンボジアだけでなくベトナムやタイ、香港から総勢60名が参加した。1日には参段1名が審査を行い合格した。

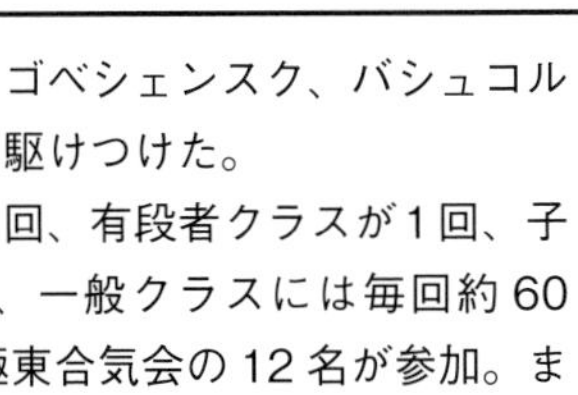

海外合気道連盟、その歴史と現状

今や世界中に広がる合気道だが、そこには合気道に魅せられた外国人と、普及のために海を渡った先達の努力、そして日本で修行を続けた外国人の努力の結果があります。ここでは、各国に初めて合気道が伝わり、普及していく歴史と現状をレポートします。

池田昌富師範が 1977 年にスイス合気会師範になってから、スイスの指導の質と普及・振興は急速に高まった

VOL.01

SWISS HISTORY & CURRENT SITUATION

スイスの合気道

Q1. スイスでの合気道の普及が始まったのはいつか

1957（昭和32）年、Willy Frischknecht氏がアッペンツェル・アウサーローデン準州のヘリザウで合気道の道場を設立しました。

1964（昭和39）年にはFreddy Jacot氏とAgge (Micky) Schaaning氏がチューリッヒのスイス航空スポーツクラブで合気道の稽古を始めました。また同年にローザンヌから来たYves Cauhépé氏の指導の下にベルンでは合気道の普及・振興が始まりました。

Q2. 初期の指導者と普及の元

1960年代前期の指導者はWilly Frischknecht氏、Freddy Jacot氏、Yves Cauhépé氏。彼らは中薗睦郎師範、田村信喜師範、小林裕和師範にお願いして、スイスにて3名の先生方による講習会を開催しました。

スイス合気会（Association Culturelle Suisse d'Aikido, ACSA）の設立は合気道の普及に大きな役割を果たしました。設立後、スイスの多数の地域でいくつかの合気道教室が設立され、いくつかはスイス合気会加盟団体になりました。初期の約13道場の中、3つは現在に至るまでスイス合気会加盟団体として活動しています。

1977（昭和52）年に池田昌富師範はスイス合気会の師範になり、スイスにて合気道の指導の質と普及・振興の速力を高めました。池田師範は多田宏本部師範と周辺諸国の師範方（特に浅井勝昭師範、藤本洋二師範、細川英機師範）と積極的に交流を行いました。池田師範の熱心な活動によりスイス合気会の会員数が増えました。

2019 年に 50 周年を迎えたスイス合気会の記念講習会には植芝充央本部道場長が出席して行われた

Q3. 連盟（スイス合気会）の始まりについて

1. 設立日

スイス合気会は1969（昭和44）年9月21日にアッペンツェル・アウサーローデン準州のヘリザウ（スイス）で設立された。

2. 初期の加盟団体数

合気道クラブヘリザウ、合気道道場アッペンツェルとスイス航空合気道クラブの3つの道場で始まりました。

3. 初期の連盟責任者

スイス合気会の初代会長はFreddy Jacot氏です。

4. 当時の活動

始まりの頃は仕事をするかたわら合気道の指導も熱心に行いました。

Q4. 連盟（スイス合気会）の現在状況

1. 現在の加盟団体・会員数

50周年を迎えた2019（令和元）年現在、スイス合気会加盟団体の34道場、約1,000名が会員が所属しています。その内150名は学生や子供たちです。

2. 現在の活動

スイス合気会には指導員以上の指導者は49名（女性8名、男性41名）。2つの道場には（職業として）合気道を専門とする指導者が1名ずついます。

スイス合気道のパイオニアたち

（公財）合気会行事記録・国内関係（令和元年7月〜12月）

7月

1　令和元年度関東学生合気道連盟新入生講習会
植芝守央道主を招き、日本武道館で開催。14校70名が参加し植芝守央道主が指導を行った。

6・7　十勝合気会講習会
伊藤眞本部道場指導部師範の指導の下、札内スポーツセンター武道場で開催された。

7　第37回埼玉県合気道連盟合同講習会
植芝充央本部道場長の指導の下、入間市武道館で開催された。

14　第41回全日本少年少女（合気道）錬成大会（主催：（公財）日本武道館・（公財）合気会、後援：スポーツ庁・日本武道館協議会、主管：（公財）合気会合気道本部道場）
日本武道館で開催され、175団体2158名が参加。本部道場指導部の下、稽古錬成・演武錬成が行われた。少年武道優良団体には千葉県朋清会白井道場、東京都杉並合気会が表彰された。

20　岐阜県合気道連盟10周年記念特別講習会
植芝充央本部道場長の指導の下、岐阜メモリアルセンターで開催された。

20　関西学生合気道連盟主催師範研鑽会
桂田英路本部道場指導部師範の指導の下、大阪市立修道館で開催された。

22〜31　本部道場暑中稽古
植芝守央道主をはじめ本部道場指導部各師範の下、多数の会員が稽古に励んだ。皆勤者には皆勤賞と記念品が贈られた。

28　第3回東京都合気道連盟初心者指導法講習会
日野皓正本部道場指導部指導員の指導の下、港区スポーツセンターで開催された。

8月

1〜3　本部道場少年部夏季合宿
桂田英路本部道場指導部師範、小山雄二、日野皓正、松村光、中村仁美各指導部指導員引率の下、山梨県南都留郡山中湖村で行われた。

9　第18回全国高等学校合気道演武大会（主催：全国高等学校合気道連盟、後援：スポーツ庁、（公財）合気会、全日本合気道連盟
東京武道館で開催され、40校・約480名が参加。第一部は参加各校による演武のあと、植芝充央本部道場長の演武が行われ、第二部は藤巻宏本部道場指導部師範の指導の下、講習会が行われた

21・22　令和元年度学校合気道実技指導者講習会（主催：スポーツ庁、（公財）合気会）
東京都千代田区の大妻中学高等学校で中学・高校の保健体育科教員及び運動部活動指導者（外部指導者を含む）を対象として開催された。関伸夫スポーツ庁政策課教科調査官の講義と、鈴木俊雄本部道場指導部師範、日野皓正、梅津翔各指導部指導員の実技講習が行われた。

23〜29　令和元年度後期合気道学校前期修了式
上級課程23日、中級課程28日、初級課程29日にそれぞれ行われた。終了者には学校長より終了証が手渡された。

25　天皇陛下御即位記念　第74回国民体育大会「いきいき茨城ゆめ国体2019デモンストレーションスポーツ合気道」
茨城支部道場の敷地内に特設会場を設営し開催。県内を中心に約650名が参加。最後に植芝守央道主の演武が披露された。

28　2019世界柔道選手権大会東京大会
2020年東京五輪プレ大会として、日本武道館で開催された。入江嘉信本部道場指導部師範、桂田英路同部師範、鈴木俊雄同部師範、日野皓正同部指導員、鈴木昂平同部指導員、桑原将太同部指導員が派遣され、演武を行った。

9月

8　2019空手プレミアムリーグ東京大会
2020年東京五輪プレ大会として、日本武道館で開催された。栗林孝典本部道場指導部師範、鈴木俊雄同部師範、小山雄二同部指導員、鈴木昂平同部指導員、桑原将太同部指導員が派遣され、演武を行った。

14・15　茨城支部道場道主特別講習会
植芝守央道主を招き、茨城支部道場で開催された。

14・15　広島県合気道連盟主催春季講習会
菅原繁本部道場指導部師範の指導の下、広島県立総合体育館武道場で開催された。

15・16　北海道大学合気道部創立30周年講習会
大澤勇人本部道場指導部師範の指導の下、北海道大学武道場で開催された。

21・22　藤枝合気会講習会
難波弘之本部道場指導部師範の指導の下、静岡県藤枝市民武道館で開催された。

22　群馬合気会創設45周年・第9回群馬県合気道連盟演武大会
小林幸光本部道場指導部師範の指導の下、群馬県総合スポーツセンター武道場で開催された。

22　大塚道場明道館創立65周年記念講習会
植芝充央本部道場長の指導の下、文京区スポーツセンター武道場で開催された。

28・29　関西合同研鑽会
植芝充央本部道場長出席の下、豊中市立武道館で開催

された。

28・29 **新潟合気会講習会・演武会**

栗林孝典本部道場指導部師範の指導の下、新潟市鳥屋野総合体育館で開催された。

10月

1〜3 **令和元年度後期合気道学校開校式**

上級課程1日、中級課程2日、初級課程3日にそれぞれ行われた。

5・6 **兵庫県合気道連盟少年少女錬成大会及び実技指導者講習会**

桂田英路本部道場指導部師範の指導の下、兵庫県立武道館で開催された。

6 **第2回福井県合気道連盟講習会**

入江嘉信本部道場指導部師範の指導の下、越前市武道館で開催された。

6 **愛知県合気道連盟講習会**

植芝充央本部道場長の指導の下、愛知県立武道館大道場で開催された。

6・7 **第17回全日本合気道連盟講習会・高知県合気道連盟創立40周年記念演武大会**

植芝守央道主出席の下、高知県立武道館で開催された。

12 **第13回北海道学生合気道連盟演武会**

北海道大学の武道場にて開催。台風19号の影響により学生のみの大会となった。

12 **第47回中・四国学生合気道演武大会**

山口県の維新百年記念公園内の道場にて開催。台風19号の影響により学生のみでの大会となった。

12・13 **青森県合気道連盟創立60周年講習会**

大澤勇人本部道場指導部師範の指導の下、みちぎんドリームスタジアムで開催された。

14 **東京武道館主催体育の日講習会**

入江嘉信本部道場指導部師範の指導の下、東京武道館で開催された。

18〜20 **富山県地域社会指導者研修会**

県営富山武道館にて開催された。栗林孝典本部道場指導部師範、地元講師として坂本龍治富山県合気道連盟副理事長、上島政則理事が指導を行った。

18〜20 **奈良県地域社会指導者講習会**

やまと郡山城ホール武道場にて開催された。立木幸敏国際武道大学教授の講義、入江嘉信本部道場指導部師範、地元講師として窪田育弘奈良県合気道連盟会長、田中利明奈良県合気道連盟副理事長が指導を行った。

19 **関西学生合気道連盟演武会**

金澤威本部道場指導部師範出席の下、吹田市立武道館洗心館で開催された。

11月

1〜3 **第7回全国合気道指導者研修会**

植芝守央道主出席の下、日本武道館研修センター（千葉県勝浦市）にて開催された。

1〜3 **千葉県地域社会指導者研修会**

千葉県総合スポーツセンター武道館にて開催された。小林幸光本部道場指導部師範、地元講師として宮等千葉県合気道連盟理事、岡本登師範が指導を行った。

3 **三重県合気道連盟設立10周年記念特別講習会**

植芝守央道主出席の下、津市産業・スポーツセンター（サオリーナ）で開催された。

8〜10 **令和元年度植芝盛平翁顕彰事業「植芝盛平翁の故郷を訪ねて」**

9日に和歌山県田辺市立武道館で午後1時から小山雄二本部道場指導員が少年部の指導を行い、午後2時半から植芝守央道主による特別講習会が行われ、最後に総合演武が披露された。10日、高山寺で法要が行われ、道主夫妻はじめ参加者が焼香、墓参した。

8〜10 **静岡県地域社会指導者研修会**

静岡県武道館で開催された。関昭二本部道場指導部師範、地元講師として石原克博静岡県合気道連盟理事長、西井信晴同連盟事務局長が指導を行った。

15〜17 **山口県地域社会指導者研修会**

維新百年記念公園維新大晃アリーナ武道館で開催された。大澤勇人本部道場指導部師範、地元講師として岡田元昭師範山口県合気道連盟副会長、山田博司師範山口合気会山口道場道場長が指導を行った。

16 **防衛大学校合気道部創部60周年記念演武大会**

植芝充央本部道場長出席の下、防衛大学内道場にて開催された。

17 **令和元年度北海道合気道強化練習会（主催：（公財）北海道スポーツ協会、主管：北海道合気道連盟）**

日野皓正本部道場指導員の指導の下、千歳市開基記念総合武道館で開催された。

23 **第28回全東北合気道講習会**

植芝充央本部道場長出席の下、岩手県営武道館で開催された。

30 **第59回全国学生合気道演武大会（主催：全国学生合気道連盟、後援：スポーツ庁、読売新聞社、愛知県立武道館、日本武道協議会、（公財）合気会、全日本合気道連盟）**

参加校77団体、４８０名が参加。植芝充央本部道場長の稽古錬成を挟む2部構成で行われ、最後には植芝守央道主が総合演武を披露した。

12月

7 **第58回全自衛隊合気道部合気道演武大会**

植芝守央道主を招き、市谷駐屯地体育館で開催された。大会に先立ち菅原繁本部道場指導部師範が講習会を行った。

7〜8 **和歌山市合気道連盟講習会**

栗林孝典本部道場指導部師範の指導の下、和歌山県立武道館で開催された。

8 **港区合気道連盟創立40周年記念特別講習会**

菅原繁本部道場指導部師範の指導の下、港区スポーツセンターで開催された。

（公財）合気会行事予定・国内関係（令和2年1月～6月）

1月

12/31～1/1 本部道場越年稽古
4 植芝吉祥丸二代道主命日
6 本部道場稽古始め
6 （公財）合気会茨城支部道場稽古始め
11 全日本合気道連盟役員会
11 （公財）合気会全国道場・団体連絡会議
11 （公財）合気会新年賀詞交換会
12 本部道場鏡開き式
19 （公財）合気会茨城支部道場鏡開き式
20～29 本部道場寒稽古
25・26 令和元年度指導者候補講習会

2月

24～3/1 令和元年度後期合気道学校修了式
26日上級課程　24日中級課程　3/1日初級課程
27・28 IAF連絡会議
29 朋清会特別稽古

3月

4 武道振興大会
19 （公財）合気会理事会
19 各学生連盟春季講習会

4月

1～3 令和元年度合気道学校前期開講式
3日上級課程　1日中級課程　2日初級課程
4・5 熊野国際奉納演武
18～20 合気道祥平塾50周年
25 開祖と二代道主を偲ぶ会
26 開祖御命日
29 合気神社例大祭（茨城県笠間市）

5月

16 第58回全日本合気道演武大会
22 （公財）合気会理事会・評議員会
24 埼玉大学合気道部創立55周年

6月

14 早稲田合気道部創立60周年

（公財）合気会行事記録・国外関係（令和元年7月～12月）

7月

1～6 合気会オーストラリア講習会
鈴木俊雄本部道場指導部師範が派遣され、シドニーで指導を行った。
4～9 ロシア・サマラ合気道連盟講習会
栗林孝典本部道場指導部師範が派遣され、サマラで指導を行った。
4～10 ミラノ合気会講習会
大澤勇人本部道場指導部師範が派遣され、指導を行った。
15～22 フランスFFAB主催夏季講習会
入江嘉信本部道場指導部師範が派遣され、レスネバンで指導を行った。
17～23 第3回IAF青少年セミナー
日野皓正本部道場指導部指導員が派遣され、ブルガリアで指導を行った。
19～22 フィリピンMAAI講習会
伊藤眞本部道場指導部師範が派遣され、マニラで指導を行った。
19～23 インドネシア侍道場講習会
関昭二本部道場指導部師範が派遣され、バリで指導を行った。
26～28 オランダ創立60周年講習会・演武大会
植芝充央本部道場長出席の下、アムステルダムで開催された。
26～8/5 米国合気道連盟夏季合宿
大澤勇人本部道場指導部師範が派遣され、山田嘉光ニューヨーク合気会師範らと共にニュージャージー州で指導を行った。
26～8/6 アルゼンチン合気道普及センター講習会
桜井寛幸本部道場指導部師範が派遣され、ブエノスアイレスで指導を行った。

8月

7～13 英国UKA講習会

関昭二本部道場指導部師範が派遣され、ロンドンで指導を行った。

7～16 **パウリスタ合気道連盟講習会**
入江嘉信本部道場指導部師範が派遣され、チリ・サンディエゴ、ブラジル・リオデジャネイロの2か所で指導を行った。

9～16 **フランス昭友館合気会講習会**
伊藤眞本部道場指導部師範が派遣され、ニースで指導を行った。

10～16 **ベルギーAFA講習会**
宮本鶴蔵本部道場指導部師範が派遣され、ブリュッセルで指導を行った。

18～23 **英国合気道連盟サマースクール**
金澤威本部道場指導部師範が派遣され、チェスターで指導を行った。

29～9/10 **アルゼンチン合気道連合会・ブラジル合気道協会講習会**
関昭二本部道場指導部師範が派遣され、ブエノスアイレス、サンパウロ他で指導を行った。

9月

4～11 **カルフォルニア合気道協会道主特別講習会**
植芝守央道主出席の下、サンフランシスコで開催された。

4～11 **ブルガリア至優館道場講習会**
桜井寛幸本部道場指導部師範が派遣され、カムチアで指導を行った。

5～10 **メキシコ・オリンキ会講習会**
佐々木貞樹本部道場指導部師範が派遣され、メキシコシティで指導を行った。

5～11 **オランダ秋季講習会**
小林幸光本部道場指導部師範が派遣され、パーペンダル、アムステルダムの2か所で指導を行った。

5～11 **チェコ合気道協会講習会**
藤巻宏本部道場指導部師範が派遣され、プラハで指導を行った。

11～17 **ロシア・登竜門会講習会**
金澤威本部道場指導部師範が派遣され、モスクワで指導を行った。

12～17 **ノルウェー合気道クラブ講習会**
栗林孝典本部道場指導部師範が派遣され、オスロで指導を行った。

13～15 **スイス合気会創立50周年講習会・演武会**
植芝充央本部道場長出席の下、ザンクトガレンにて開催された。

18～25 **アルゼンチン合気道連合会講習会**
大澤勇人本部道場指導部師範が派遣され、ブエノスアイレスで指導を行った。

18～30 **アラブ首長国連邦（UAEAA）、サウジアラビア（SAA）講習会**
伊藤眞本部道場指導部師範が派遣され、ドバイとヤンブの2か所で指導を行った。

20～23 **北京合気会講習会**
宮本鶴蔵本部道場指導部師範が派遣され、指導を行った。

25～30 **インドネシア・イキル道場講習会**
入江嘉信本部道場指導部師範が派遣され、ジャカルタ（IKIRU道場）で指導を行った。

26～10/1 **ポーランド合気道協会講習会**
小林幸光本部道場指導部師範が派遣され、ポラニツァ・ズドルイで指導を行った。

27～10/1 **ウクライナAAAU講習会**
森智弘本部道場指導部師範が派遣され、キエフで指導を行った。

10月

2～9 **リトアニア合気道連盟合気会講習会**
菅原繁本部道場指導部師範が派遣され、ヴィリニュスで指導を行った。

3～8 **英国中西部合気道センター秋季講習会**
横田愛明本部道場指導部師範が派遣され、シカゴで指導を行った。

3～8 **AAI合気会ポーランド講習会**
櫻井寛幸本部道場指導部師範が派遣され、オルシュテインで指導を行った。

9～15 **ウクライナ合気道連盟講習会**
伊藤眞本部道場指導部師範が派遣され、ドニプロで指導を行った。

10～15 **ロシア央心館講習会**
栗林孝典本部道場指導部師範が派遣され、アナパで指導を行った。

14～21 **イスラエル合気道連盟講習会**
関昭二本部道場指導部師範が派遣され、指導を行った。

17～21 **CSC合気道クラブ講習会**
桂田英路本部道場指導部師範が派遣され、ジャンで指導を行った。

17～22 **カナダCAF講習会**
大澤勇人本部道場指導部師範が派遣され、トロントで指導を行った。

17～22 **インドAAFI講習会**
藤巻宏本部道場指導部師範が派遣され、ニューデリーで指導を行った。

17～29 **ベルギー合気会、ルクセンブルクFLAM合気会、フランスFFAAA講習会**
植芝充央本部道場長出席の下、ベルギー、ルクセンブルク、フランスの3か所で講習会、演武会が開催された。

18～21 **モンゴル巡回指導**
日野皓正本部道場指導部指導員が派遣され、ウランバートルで指導を行った。

18～23 **シンガポール講習会**
鈴木俊雄本部道場指導部師範が派遣され、指導を行った。

22～29 **アルメニアAAFR講習会**
菅原繁本部道場指導部師範が派遣され、エレバンで指導を行った。

23〜28　ルーマニア合気会講習会
関昭二本部道場指導部師範が派遣され、クルージュ・ナポカで指導を行った。

23〜29　ブルガリアＢＡＡ講習会
伊藤眞本部道場指導部師範が派遣され、ソフィアで指導を行った。

31〜11/5　ギリシャ合気会講習会
栗林孝典本部道場指導部師範が派遣され、アテネで指導を行った。

11月

6〜13　オーストリア派遣武道代表団（主催：（公財）日本武道館、日本武道協議会）
菅原繁本部道場指導部師範と日野皓正同部指導員と鈴木昂平同部指導員他学生3名が参加。ウィーンで他武道12団体と演武会、体験稽古を行った。

7〜10　ロシア極東合気道連盟講習会
金澤威本部道場指導部師範が派遣され、ウラジオストックで指導を行った。

14〜19　ブルガリアＮＡＵ講習会
小林幸光本部道場指導部師範が派遣され、ソフィアで指導を行った。

15〜19　ロシア日本スポーツ文化研究会講習会
難波弘之本部道場指導部師範が派遣され、モクスワで指導を行った。

19〜26　ミラノ合気会講習会
鈴木俊雄本部道場指導部師範が派遣され、ミラノで指導を行った。

20〜26　メキシコＲＡＡ講習会
関昭二本部道場指導部師範が派遣され、メリダで指導を行った。

21〜26　ロシアＡＡＦＲ講習会
伊藤眞本部道場指導部師範が派遣され、モスクワで指導を行った。

22〜26　フランス・モナコ講習会
栗林孝典本部道場指導部師範が派遣され、モナコ公国・モナコ、フランス・ムジャンで指導を行った。

28〜12/2　フィリピン（ＡＰ、ＦＦＡ、ＰＡＰＡ）合同講習会
藤巻宏本部道場指導部師範が派遣され、マニラで指導を行った。

28〜12/2　カンボジア巡回指導
梅津翔本部道場指導部指導員と有馬隼人同部指導員が派遣され、プノンペン、シェムリアップの2か所で指導を行った。

（公財）合気会行事予定・国外関係（令和2年1月〜6月）

1月

ブルガリア（ＢＡＦ）講習会

2月

インド講習会
ラオス巡回指導
ハンガリー講習会
スリランカ巡回指導
英国スコットランド（エジンバラ）講習会
中国（北京）講習会
ハワイ講習会
イギリス講習会

3月

ニュージーランド講習会
タンザニア巡回指導
台湾講習会
香港合気道協会講習会
インドネシア講習会
インド巡回指導
ホーチミン巡回指導

4月

ロシア（チュメニ）講習会
アイルランド講習会
エストニア講習会
モスクワ講習会

5月

ベラルーシ講習会
ポーランド講習会

6月

ブルガリア講習会
クラスノヤルスク講習会
ロシア（サンクト・ペテルブルグ）講習会
ハワイ（コナ）講習会
オーストラリア講習会
モルドバ講習会
ＰＡＦ講習会
スイス講習会

第 58 回全日本合気道演武大会と第 13 回国際合気道大会 開催日＆開催会場決定

第 58 回全日本合気道演武大会の会場は「高崎アリーナ」

全日本合気道演武大会は昭和 52（1977）年の第 15 回以降、東京・千代田区の日本武道館で行われてきたが、同武道館が第 32 回東京 2020 オリンピック／パラリンピックのため使用できません。

そのため、令和 2（2020）年開催される第 58 回大会は群馬県高崎市にある高崎アリーナで行われます。開催日は 5 月第 3 週土曜日の 16 日です。

高崎アリーナは平成 28（2016）年に開催された第 12 回国際合気道大会の会場です。

会場となる高崎アリーナ

大会名：第 58 回全日本合気道演武大会
開催日：5 月 16 日（土）
開場：11 時
開会：正午
閉会：17 時半
主催：公益財団法人合気会
会場：高崎アリーナ（群馬県高崎市下和田町四丁目 1 番 18 号／ TEL 027-329-5447）
アクセス：JR 高崎線、上信電鉄「高崎駅」下車　徒歩約 8 分

第13 回国際合気道大会は 9月29日～10月4日、東京・渋谷区で開催

「第 13 回国際合気道大会」は令和 2（2020）年 9 月 29 日（火）～ 10 月 4 日（日）の 6 日間にかけて開催されます。4 年に 1 度の同大会では、道主、本部道場長をはじめ国内外の師範が指導する講習会や国際演武会が行われます。

今年は、過去にも開催会場となった東京・渋谷区にある国立オリンピック記念青少年総合センターで行われます。

大会名：第 13 回国際合気道大会
開催日：9 月 29 日（火）～ 10 月 4 日（日）
開場：11 時
会場：独立行政法人　国立オリンピック記念青少年総合センター（東京都渋谷区代々木神園町 3-1 ／ TEL03-6407-7703）
アクセス：小田急線「参宮橋駅」下車　徒歩約 7 分、地下鉄千代田線「代々木公園駅」下車　徒歩約 10 分、新宿駅西口、渋谷駅西口よりバスあり

第 12 回大会で武道場に勢ぞろいした講習会参加者